2023WBC侍ジャパン
ヘッドコーチが伝える
「心」の動かし方

白井一幸
Kazuyuki Shirai

PHP

2023WBC侍ジャパンヘッドコーチが伝える
「心」の動かし方

contents

PROLOGUE

侍ジャパンで伝えたかったこと

CHAPTER 1

チームビルディングのためのメンタル・コーチング

CHAPTER 2

コミュニケーション（人間関係）における メンタル・コーチング

CHAPTER 3

ヤンキースで学んだスカウティングと育成システム

CHAPTER 4

選手への質問が能力と自主性を高める

CHAPTER 5

「メンタル・コーチング」を行うための心がけ

EPILOGUE

WBC優勝の未来にあるもの

侍ジャパンで伝えたかったこと

What the Samurai Japan team wanted to convey during the World Baseball Classic (WBC)

PROLOGUE

二〇二三年
WBCの侍ジャパンヘッドコーチに

第五回WBC（ワールド・ベースボール・クラシック）で、日本代表「侍ジャパン」は十四年ぶり三度目の世界一に輝きました。

二〇二三年三月二十一日（日本時間三月二十二日）米フロリダ州マイアミのローンデポ・パークで行われた決勝戦。MLB（メジャーリーグ）を代表する選手たちを擁《よう》するアメリカとの戦いを三対二で制し、結果的には一次ラウンド、決勝トーナメント合わせて七戦全勝での優勝でした。応援してくださったみなさんの声援が大きな力となり、世界一を奪還することができました。

優勝の瞬間から遡《さかのぼ》ること、約一年前。

二〇二一年十二月二日、東京都内のホテルで大勢の報道陣を前にして、栗山英樹新監督の就任発表記者会見が行われていました。

実は、会見の数日前に栗山監督から突然、私に電話がかかってきて、「WBCの監督をやることになった。ヘッドコーチとして力を貸してほしい」と言われたのです。話を聞いたときは、素直にうれしかったですし、大変光栄なことだと思いました。ただ、現場（二〇一七年に日本ハムファイターズのコーチを退任）を離れてもう五年近くも経っていましたし、企業研修講師としての本業もあります。一瞬の迷いがあったのだと思います。「ちょっと、今は本業のほうが忙しいし、時間がとれるかどうか……」というような話をしました。

しかし栗山監督は、「お前がやってくれないなら、俺もやらないよ」と言われました。「これはもう迷っている場合ではないな」と、その場で「もちろんやります」と返答しました。

思えば、二〇一四年にファイターズの内野守備走塁コーチに就いたときも、同じような経緯でした。栗山監督は前々年の二〇一二年に、ファイターズの監督就任一年目にしていきなりリーグ優勝。ところが、翌二〇一三年にはリーグ最下位にまで低迷。そのときも、栗山監督から電話がかかってきて、「チーム立て直しのために、力を貸してもらえないか」と言われました。もともと栗山監督とは同い年で野球観も近いことから気が合って、そのときも二つ返事で引き受け、栗山監督の下、ファイターズで二〇一七年まで四シーズン、コーチを務めました。

栗山監督を言葉で表すと、「信じて、任せて、感謝する」という人です。監督からオファーがあったということは、私を認めてくれて、信じてもらえたということです。誰かに必要とされるのは大変ありがたいことでもあります。その信頼に応えようと今回の侍ジャパンのヘッドコーチを引き受ける決断をしました。

ターニングポイントとなったチェコ戦

二〇二三年二月、WBCに向けて侍ジャパンが始動しました。宮崎での強化合宿の前に選手やコーチ陣が集合したとき、侍ジャパンが目指すものを私からみんなに伝えました。

「勝つかどうかはわからないけど、お手本にはなれる。感動を与えることはできる。これが勝ちにつながるんだ。この目的に向けて、意識してできることを全力でやろうじゃないか。ここには、そういう選手が集まっていると信じている」

私がみんなに伝えたことは、栗山監督の考えであり、また同時に私の考えでもありました。

栗山監督は常々「野球界の未来のために、次世代の発展のためにやっていきたい」という言葉を口にされ、準々決勝のイタリア戦の前日の記者会見でも「子どもにも大人にも、夢や元気、勇気を与えることができるならば、侍ジャパンとしての意味がある。だから世界一を目指す」というコメントをしています。つまり、「夢や元気、勇気を与えるプレーをし、野球の楽しさ、素晴らしさを次世代に伝え、野球を発展させること」が侍ジャパンの目的であり、「世界一を目指す」のが目標ということです。

「目的」と「目標」は一見似ているようですが、意味は違います。目的とは「最終的に成し遂げたいこと」を指すのに対し、目標とは「目的を達成するための指標」のこと。簡単に言ってしまえば、目的＝ゴールや理念、目標＝目的までの手段や指標ということです。

目的については、議論する必要がありません。企業理念を議論しようという会社がないのと同じです。侍ジャパンのゴールはここにある、それを選手一人ひとりが自分事にできるかどうかだけですから。「何のために野球をやっているのか」「なぜ仕事をするのか」「われわれはどんなときに、喜びや達成感を感じることができるのか」。これが目的です。目的が明確でないと、意欲は湧きません。「あの辺りに向かって全力で走れ」と言われても、全力で走れる人はいないですよね。ゴールがないわけですから。何事も目的が大事だということです。

目標はわかりやすい。目的を明確にすることが、目標達成になるからです。ところが、目標だけあって目的がない組織や個人もいます。業績が上がらない会社は、売り上げがいくらなどの目標しか見ていません。お客様は、あなたの会社が儲かるかどうかなんてどうでもいい。お客様はあなたの会社が自分のために何をしてくれたのか、あなたの会社をどう思ったかのほうが大事なのです。

「お客様に感動を与える」――これが目的です。あなたの会社は、お客様に素晴らしいものを与えてくれる、と多くの人が思えば、数字は勝手についてきますよね。

勝つことしか目指していない野球チームも同じです。

侍ジャパンの戦いの中で、目標よりも目的が大切なのだと、改めて教えられた試合がありました。それは一次ラウンドの三試合目で対戦したチェコ戦です。WBC初出場のチェコ代表は、ほとんどが他に仕事をもつ兼業選手ばかりでした。試合前には「日本との実力差は明白。一方的な試合になるだろう」と報道されていました。このときの侍ジャパンは、「ウサギとカメ」の昔話にたとえるなら、ウサギでした。ウサギ（日本）はカメ（チェコ）に勝つこと（目標）しか考えていないけれど、カメはゴール（目的）しか見ていない。カメにとっては、競争相手はウサギだろうがライオンだろうが関係ない。ゴールだけを見て、自分たちができることを全力でやったのです。その姿勢が多くの人々に感動を与えました。

日本代表の先発投手は、一六〇キロ台の快速球を誇るロッテの佐々木朗希投手でしたが、チェコ代表の選手は佐々木投手のボールに必死にくらいついてきました。四回には、佐々木投手がチェコ代表のエスカラ選手に死球を与えてしまいます。左膝をボールが直撃した鈍い音は、ベンチにまで聞こえてきました。「怪我がなければよいのだが……」と誰もが思った次の瞬間です。エスカラ選手は痛みをこらえながら一塁ベースまで走っていったのです。気がつくと、侍ジャパンのベンチにいた全員が立ち上がって、エスカラ選手に拍手を送っていました。

チェコ戦でわれわれが学んだことは、相手が誰であろうと試合が劣勢であろうと、全力を尽くして戦う姿勢でした。同じ全力でも、相手を見ながらの全力と、自分たちの目的に向かっての全力とではまったく違います。チェコの選手たちが見せた目的に向かって貫いた懸命なプレーに対し、われわれは自分たちの目的に対する積極性が足りなかった。もっとアグレッシブに、もっとチャレンジャーとして、リスペクトをもって戦わなければダメなのだと全員が気づかされました。

スポーツの世界では、勝者をウィナーといいますが、たとえ試合に負けても、全力で正々堂々とプレーした選手たちのことをグッド・ルーザーと呼んで称えます。試合が終わったあと、われわれ全員が感動を与えてくれたチェコのベンチに向かって拍手を送りました。このとき侍ジャパンは、相手への敬意を忘れないチームとなり、本当の意味で侍になったのだと感じました。

最終的に日本が一〇対二でウィナーになったチェコ戦は、十四年ぶりに世界の頂点に立った侍ジャパンの道のりの中でも、忘れられないターニングポイントとなった試合だったことは間違いありません。

「夢や元気、勇気を与えること」が侍ジャパンのゴール

今回の侍ジャパン優勝の要因のひとつとして、「全員が目的に焦点を合わせること

で、選手が成長し目標が達成された」と考えることができます。

侍ジャパンの目的は「夢や元気、勇気を与えるプレー」をすることでした。この目的をチーム全員が共有していなければ、世界一はありえませんでした。目的の共有にとって欠かせないのが「メンタル・コーチング」です。

「メンタル・コーチング」という言葉は造語ですが、社員育成技法であるコーチングを用いて、とくにメンタル面にアプローチすることで個人の潜在能力を引き出し、組織を強くするための手法です。「コーチング」とは簡単にいうと、相手が行きたいところに連れていくのを手助けすることです。

メンタル・トレーニングの考えによれば、たとえばエラーしたときにはそのことをひとまず横に置いて気持ちを切り替え、過去にうまくプレーできたときをイメージして次のプレーに備えます。これは積み木を積み上げていくような作業だといえるでしょう。

ところが、監督やコーチの中には試合中に「さっきのお前のプレーは最低だった」「あんな大事な場面でエラーなんかされたら困るんだよ」「今度こそしっかりやってくれよ」と言って、せっかく積み上げてきた積み木を揺さぶる人もいます。選手によっては、その何気ない一言で、これまで積み上げてきた自信を一気になくしてしまうこともあります。そしてこういったことは、これまでに何度も目にしてきました。

今回の侍ジャパンのチームは、監督をはじめコーチ陣全員が「選手の成功をサポートするのが指導者本来の役割」というメンタル・コーチングの考えがよくわかっている人たちでした。そして選手たちも自身のメンタルを整えることに長《た》けていました。言ってみれば、侍ジャパンはメンタル・コーチングの成功モデルそのもののような存在でした。

侍ジャパンのケースは成功モデルだと書いたように、ここまでうまくいっている組織はそれほど多くはありません。私がファイターズの二軍監督としてメンタル・コーチングを学び、指導法として取り入れた二〇〇一年当時は、「指示」「命令」「恫喝《どうかつ》」という指導法がスポーツ界全体の常識で、メンタル・トレーニングの重要性はほとんど認識されていませんでした。

当時と比べると今は、スポーツ界ではないところでもメンタル・トレーニングの重要性が認識され、メンタル・コーチングの認知度は格段に高まりました。とはいえ、現場でメンタル面をきちんと指導できる人は、まだまだ少ないというのが現状です。

スポーツの現場や企業の中でも、未だに「怒る」「教える」「やらせる」という指導を続けている人や組織は少なくありません。スポーツの指導者や、企業の中で上司にあたる人たちは、「ちゃんとやれ」「なんでできないんだ」と子どもたちや選手、部下に対して暴言を吐き、圧迫して萎縮させることを未だに続けている人もいます。

もちろん、選手や部下に寄り添いサポートできるスポーツ指導者や上司も大勢います。問題は、組織の中で素晴らしい指導者や上司がいたとしても、別のコーチや上司に「お前はこういうとき、よくミスするよな」「メンタルが弱いよな」などと心ない言葉を言われれば、心が折れてしまうということです。つまり組織の中の全員が、メンタルにアプローチして、目的を共有しなければ、組織や個人を強くすることはできないのです。

日本には「一生懸命がんばる文化」はあるが、「自ら考えて行動する文化」がない

では、「怒る」「教える」「やらせる」というこれまでの指導法を変えるには、どうすればいいのでしょうか。

私はプロ野球選手として現役を引退した翌年の一九九七年に、ファイターズの球団職員としてニューヨーク・ヤンキースにコーチ留学しました。日本のプロ野球では、現役を引退したとしても、球団からの指名があればすぐにコーチになれます。サッカーのコーチのような資格も必要ありません。

現役時代、私はそのことに非常に疑問を感じていて「自分が指導者になるなら、そのための勉強をしたい」と考えていました。幸いにもファイターズはヤンキースと業務提携をしていたため、指導者としての研修を受けることができました。

アメリカに留学してまず感じたことは、家庭での子どもへの教育方針や学校教育の違いでした。日本の家庭や学校では、やってはいけないことばかりを教えられます。たとえば、幼い子どもがテーブルの上に乗っているコップをわざと倒すと、「何やってるの。そんなことしちゃダメでしょう」と叱ったあと、すぐにテーブルを拭きます。

アメリカの家庭では子どもがコップを倒して、テーブルに水がこぼれたとしても、しばらくそのまま放っておく。すると子どもは、こぼれた水を手で触って、ぴちゃぴちゃする感覚を飽きるまで続けます。子どもが飽きた頃を見計らって、お母さんが

「どうだった?」と聞くと、子どもは自分が感じたこと、考えたことを答える。そのあとで「コップを倒されたとき、お母さんはどんな気持ちだったと思う?」と聞いて、さらに考えさせます。こういったやりとりを通して、子どもは学び、考える力を育《はぐく》んでいくのです。

子どもは、コップが倒れて水がどうやってテーブルの上で広がっていくのか、その水に触ったらどんな感じなのか、そういったことに興味があります。それなのに、コップを倒したら怒って、すぐに拭きとってしまう行為は、子どもが自分で考えて、学ぶきっかけを奪ってしまうようなものです。こういったことが日本の教育ではあまりにも多すぎます。

日本には一生懸命がんばる文化はあるけれど、子どもたちが自ら考えて行動する文化がなさすぎるのです。これは日本の教育の問題だと感じます。学校現場の教育者やスポーツ指導者などが率先して、「自ら考え行動することの大切さ」を伝えていく必要があります。

教育の問題というと、大人は教育される側ではないと思ってしまいがちですが、そうではありません。部下を指導する立場にある一般企業の人や、スポーツの現場の指導者、教育者、親など指導者全般が指導者としてのスタンスを再確認すべきなのです。

「われわれ指導者は、何のために存在しているのか」「誰のために指導しているのか」――そういった指導者としての目的があいまいなまま指導しているから、「怒る」「教える」「やらせる」という従来の指導を踏襲することしかできなくなってしまっているのです。

世界一よりもうれしかったこと

前項の最初の設問に戻ると、「怒る」「教える」「やらせる」というこれまでの指導法を変えるためにどうすればいいのかということですが、私たちにできるのは、とにかくメッセージを発信し続けることです。「指導者が叱らないでどうやって選手を指導するんだ」「教えなければ子どもたちは何も学べない」「やらせなければ部下は仕事をしないだろう」「そんな指導法は甘すぎる」という声もあるでしょう。

実際に、ファイターズの二軍監督としてメンタル・コーチングを取り入れた頃は、同じようなことをさんざん言われ続けました。それでもあきらめずに続けてきた結果、五年後の二〇〇六年にファイターズは四十四年間なしえなかった日本一の座を手にすることができました。そして日本一になったこと以上にうれしかったのは、そこに到達するために、日夜、選手たち、スタッフたちとともに実践してきたメンタル・コーチングという指導法がひとつの実りに至ったことでした。

そして今の私に伝えられることは、侍ジャパン優勝の要因にメンタル・コーチングの精神があったということです。WBCという大舞台での重圧の中で、みんなが同じ目的に向かって全力で、かつ明るく伸び伸びとプレーしていた。その姿からは大きな感動が生まれました。

侍ジャパンが世界一になって帰国したときに、多くの人に言われたのは「優勝おめでとう」よりも「感動をありがとう」という言葉でした。優勝という結果以上に、私がうれしかったのは、応援してくださったみなさんに夢や元気、勇気、そして感動を与えることができたことでした。

もしも侍ジャパンが上からの命令にただ従うというやり方で戦っていたとしたら、あのような感動を与えることはできなかったと思います。つまりわれわれは、そうではない形、自由に楽しく自主性をもって戦って勝つことができた。そのことは、世界一になった以上に価値があることでした。

ファイターズの二軍監督、一軍のヘッドコーチとして、さらに侍ジャパンのヘッドコーチとして、メンタル・コーチングという指導法を実践に移していった経緯の中で、メンタル面にアプローチするメンタル・コーチングこそが個人や組織の目的を達成するのに不可欠なものなのだと改めて気づかされました。

本書は、そうした私の気づきの中で、選手たちとのさまざまなやりとりを思い返し、スポーツ、ビジネス、教育、家庭など、あらゆる人材育成の場でみなさまの参考になればという思いで記しました。そして、本書がみなさまのお役に立つことができればとてもうれしく思います。まず第1章では、侍ジャパンのチームビルディングにメンタル・コーチングをどのように生かしたかをお話しします。

チームビルディングのためのメンタル・コーチング

Mental coaching for team building

CHAPTER 1

侍ジャパンのチームビルディングの三本柱

侍ジャパンの代表選考の基準はいたってシンプルでした。二〇二三年のＷＢＣの本大会で力を発揮できる選手を選ぶ。過去の実績や名声は一切関係なく、現在において最も良い選手を選びましょう、というものでした。そしてその次には、その選考した選手たちを集めてどのようなチームをつくるのかが問われます。

侍ジャパンは、次の三つの柱を大切にしてチームビルディングを行っていきました。

一、チームのメンバー全員が共有する目的と目標を明確にすること
二、目的、目標達成に向けてメンバー全員が自分の役割と責任を全うすること
三、関わる人になること

プロローグにも記しましたが、「目的」はそのチームのゴール、「目標」は目的まで

の手段です。侍ジャパンの目的は「夢や元気、勇気を与えるプレーをし、野球の楽しさ、素晴らしさを次世代に伝えること」、目標は「世界一」でした。チームの目的と目標をメンバー全員が自分事にすることで、チームとしての結束が強まっていきます。

目的が定まれば、目標は勝手についてきます。

たとえば大谷翔平選手の場合で言うと、彼は完全に目的達成型の選手です。大谷選手は日本ハムファイターズに在籍していた頃から「世界一の選手になる」と言っていました。その頃、ファイターズのコーチをしていた私は、「世界一の選手ってどんな選手？」と彼に聞いたことがあります。「世界一の選手というのは、世界一の成績を残すことも大事なんですけど、僕が言う世界一は、野球をやっている人の中で一番愛され、応援される人になること。それから、野球を通して世界中にプラスの影響を与える選手になることなんです」と答えてくれました。

大谷選手のこの言葉を聞いた私は、彼は目の前の成績（目標）を追っているのではなく、もっと大きなもの（目的）を見ているのだな、と感じました。成績や数字は達成したらそれで終わりですが、目的には終わりはありません。だから、大谷選手はメジャーリーグでMVPを受賞するなどのすごい成績を挙げても、調子に乗ったり、燃え尽きることがないのです。

これは企業も同じで、目の前の数字だけを追っていたら赤字をごまかすために粉飾決算を行ってしまうかもしれません。やり方はどうでもいいからとにかく契約をとってこい、と言われたら社員は疲弊してダメになっていくでしょう。一方で、われわれの会社はお客様に喜んでもらえることをする、という目的であれば、目標はいずれついてきます。

二つ目は、ゴールに向かって、チームのメンバーそれぞれの個性や強みを生かしていくこと。そのときに必要なのが、メンバーそれぞれがリーダーシップを発揮していくことです。リーダーシップとは、リーダーだけが発揮するものではなく、メンバーがもっている強みや役割を生かして、それぞれが責任をもってチームに貢献していくことをいいます。

三つ目は、見て見ぬふり、我関せず、事なかれ主義では、組織の力は低下していくということです。今の時代は、何かやったり言ったりすると、すぐに「パワハラだ。モラハラだ」となってしまう。それならば、できるだけ関わらないほうが得策だとなると、無関心型組織になってしまいます。

チームのメンバーと関わるときに大事なのは、目的や目標に向けたコミュニケーションです。侍ジャパンだったら「世界一になって喜びを分かち合おう」「優勝するために今できることを考えてみよう」など。こういった関わり方をしていれば、人間関係がよくなりチームとしての生産性も上がっていきます。

「チームのため」にがんばることで個人も伸びる

まず一つ目の「チームのメンバー全員が共有する目的と目標を明確にすること」について考えてみましょう。

チームとして戦っていく場合、そこに「チームのため」なのか、「個人のため」なのかという問題が必ず出てきます。

たとえば、いくら実績のあるベテラン打者でも、三打席連続三振して、相手のピッチャーも代わらないという状況では、今日は状態が悪いから代打を立てようと考えるのが常套手段です。

ところが、そこで代えられた選手の中には「ふざけんな、俺を代えやがって」とヘルメットを投げつけて、悔しさむき出しのパフォーマンスを示す選手もいます。一見、監督やコーチに媚《こび》を売らないで勇ましくも見えるのですが、実はこれこそが「個人プレー」なのです。

それを見て、代打に出た選手はどんな気持ちになるでしょうか。

「先輩、ここは私に任せてください。打ってきますよ」という気持ちにはなりにくい。逆に、「三振したらどうしよう。何を言われるかわからない」という空気になって十中八九萎縮してしまうでしょう。これではヒットが出るわけがありません。

このように、自分のことだけしか考えない選手は、その選手がいかに個人的に力をもっていても、チームにとってはマイナスにしか働きません。

プロの選手で代えられて悔しくない人など、いるわけがありません。しかし、その気持ちをぐっと飲み込んで、「よし、ここはお前に任せたぞ」と言える選手になることができるかどうかが肝心なところです。

また、それができる選手であれば、たとえベテランになって試合には出られなくなっても、別の形で組織にとって必要な人材になりえます。

たしかに、プロ野球選手は皆、個人事業主です。したがって、「自分の成績さえ上げておけばいい。自分の成績を上げることが、チームのためになる」という考え方になってしまっても仕方がない面もあります。

しかし、自分の成績のために発揮できるエネルギーというのは、思っている以上に小さいものなのです。そこをわかっていない選手が多い。

反対に、「チーム」の優勝というその一瞬の喜びを味わうためなら、選手たちは自分がもっている以上の力を出せるものなのです。念願の優勝を果たして、皆が喜びあえる。これこそがチームスポーツの魅力を最大限に享受できる瞬間です。

要するに、野球はチームあってのスポーツ。これは会社員でも同じで、組織があってこその個人です。チームのメンバーのスキルや能力、経験を生かしつつ、チームの目的や目標を達成できるチームをつくり上げていくという、チームビルディングの視点に立って考えれば、個人がただがんばれば、チームがよくなるのではなく、チームのためにがんばることこそが、個人の成績も伸ばしていくことになるのです。

侍ジャパンにおいても当然、試合に出られる選手と出られない選手が出てきました。短期決戦は調子のいい選手を使っていくしかありません。選手たちには「本番に向けて調子を合わせてほしい。その調子を合わせるためには僕たちは何もできないんだ。君たちが積み上げてきた経験とか、君たちが微妙に感じているその違いはわれわれはわからない。だから君たちに任せるよ」と、自分たちのやり方で一番いい方法でピークを合わせてほしいとお願いしました。

選手たちは、侍ジャパンでの合同練習だけでなく、連日連夜自主練習を行っていました。三〇人の選手がいれば三〇通りの練習法があってよいわけです。

しかし、調子が上がらず、試合に出られない選手も出てきます。

でも試合に出られない選手がチームに勝利を呼び込むのです。

「ピークを合わせることができなかったのは俺の責任だよな。今日、試合に出られないのは悔しいけれども、そもそも俺たちの目標は世界一だよね。じゃあ俺が試合に出られないこの立場で世界一に貢献できることってなんだろう。ここはもうムードメーカーとなって俺は誰よりも元気を出そう」と言ったらどうでしょう。

試合に出られないことへの不平不満の空気が充満したベンチではなく、目的と目標に向かって心をひとつにした素晴らしいチームになるでしょう。

準決勝のメキシコ戦。九回裏、村上宗隆選手が左中間へのヒットを打ち、周東佑《しゅうとうう》京《きょう》選手が三塁ベースを回る瞬間、三塁コーチとして手を回す私の後ろには、全選手がベンチから飛び出し、手を回して声を出していました。あの瞬間が、侍ジャパンが目的と目標を共有したひとつのチームになっていた何よりの証《あかし》でしょう。

指導者がまず、目的、目標をもたねばならない

また、「チームのメンバー全員が共有する目的と目標を明確にする」には、そもそも指導者側がそれらをもたなければなりません。

チームビルディングというと、つい選手や部下のことに目が行きがちですが、チームの指導者や責任者である上司が、目的を共有せず叱責ばかりしている、あるいはチームの目的自体が明確ではない、といった場合もあります。

チームの目的を明確にするには、たとえば少年野球の指導者であれば、「自分は何のために子どもたちを指導しているのか」「子どもたちにとってどんな指導者でありたいのか」といったことを自分自身に問いかける必要があります。そもそも目的が明確でなければ、モチベーションは上がりません。

次に、指導者や上司というリーダーの立場にある人が、目的を共有してくれない場合を考えてみましょう。本来、指導者にとっての目的は選手の成長、上司にとっての目的は部下の成長であるべきです。ところが、自分のことにしか目が向いていない指導者や上司が非常に多い。そういう人は、「チームを優勝させて自分の功績にしたい」「部門の売上目標を達成して、昇進したい」といったように、自分がやりたいことや自分への評価にしか関心がありません。これではチームが団結して同じ方向を見るはずがない。そもそも、選手の成長を自分の喜びと思えない指導者は、指導者とはいえません。

逆に、選手のために自分が成長したいと気づいた指導者は、すぐに変わることができます。たとえば、他のチームの成長ぶりを見て、「あのチームは少し前までは、一回戦敗退だったのに、今はどんどん勝ち上がってきている。選手たちの表情もみんな生き生きとしている」「うちのチームが勝てないのは、自分の指導が間違っているからかもしれない」と、自己評価ができる人はすぐにでも変わることができます。

このように指導者自身が気づいた場合、話は簡単なのですが、自分が変わりたいと思っていない人を変えるのは至難の業です。というよりも、ほとんど不可能です。私たちには、人を変えることはできません。変えようとすればするほど、相手は抵抗します。私たちにできることは、気づきを与えるきっかけをつくることだけです。

私たちはタネを蒔《ま》いて、水をあげることはできます。それで芽が出なければ、畑を耕し肥料をやって、またタネを蒔き水をやる。それでもダメなら、肥料が足りないのか、気温が低すぎるのか、水やりが足りないのかと考えます。いろいろな要素があって芽が出ないときがあるからです。いろいろと改善しながら試行錯誤を繰り返しタネを蒔き続けます。でも多くの人が、「あんな頑固な人には何を言ってもムダだ」と言って、一度か二度タネを蒔いただけであきらめてしまいます。

確かに、きっかけを与えたとしても、変わるかどうかは相手次第のところはあります。ですが、私はそこであきらめたりはしません。関わり続けます。「さあ、どこまでできるか、ちょっとやってみよう」「相手がもし気づいたら、その人はすごい指導者になるかもしれないし、気づいて行動変容を起こしたら、このチームはすごいことができるかもしれない」——そう思って関わり続ける。

相手が変わるか変わらないかわからないけど、関わり続けることはできます。ここは自分の思考と行動の部分ですから。それで相手が変わるかどうかはわからないけど、自分ができることはやるというのが私のスタンスです。

科学的に検証して指導理論を統一し、標準化させる

私がファイターズの二軍監督だった頃のコーチ会議では、統一した方法で選手を指導するため、さまざまな議論を重ねました。指導理論をチームで統一して、標準化させることを目指していたからです。なぜ、現役時代に活躍したコーチたちがそうしたことを議論しなければいけないのか。豊富な体験に基づいた方法論があるはずだと思うかもしれません。

しかし、この体験がくせものであって、その感覚が必ずしも正解ではないのです。たとえば、私が少年野球をしていた時代から常識だった基本というものがあります。バッティングはダウンスイングで上からたたくように打つのがいいなどといわれたのも、その一例です。野球をしたことがある人ならば「上からたたけ」と指導されたことがあるのではないでしょうか。ところが、名打者といわれる人が実際に打っているところを見れば、そのようには打っていないのです。

どうして上から下だと思ったのか。それは極度のアッパースイングで打つクセがあり、フライを打ち上げていた人が、上から振り下ろすような感覚で打ったらうまくいったからにすぎません。フライを打ち上げるよりは、強く転がして確実にヒットにしたほうがいいに決まっています。

そこで本人は、バットは上から下と思ったようですが、実は、分析してみると、ちょうどいい打ち方はやはりアッパースイングだったのです。すべての選手をその感覚で、「上からたたけ」と指導したらどうなるでしょう。

教えられた選手は、おそらく少しも打てるようにならなかったに違いありません。たたけ、たたけと教えられてそれに素直に従った選手は、練習でうまくいかず、残念ながら試合に出ることもできない。人の感覚はそれほどあてにならないものなのです。

理論的に考えれば、バットがボールに当たるのは、投げたボールが落ちてくる放物線の軌道にうまくバットの軌道を合わせたとき。ボールが下から上がったら、上から打ち、横からくれば横から打つ。

しかし、野球の場合、どんな球であれ、必ず上から下に放物線を描くように落ちてくる。ピッチャーが立ち、キャッチャーが座っていることからも、そのことは明らかです。だから、それを上からたたいていたのでは当たるはずがありません。

ところが、理論を説明して、軌道に合わせることを教えればいいものを、指導者は自分の感覚に頼って教えようとすることが多い。その結果、ダウンスイングだ、レベルスイングだ、いやいやアッパーだと、それぞれ違うことになるのです。「最短距離を狙え」などという言い方をする人もいます。

結論はひとつ、ボールの軌道にバットを合わせることに尽きます。選手時代、みんなその打ち方をしていたはずなのに、これほど議論が分かれてしまうのは、あてにならない感覚で教えているからです。

感覚からくる思い込みを解くために、二軍監督時代に、選手が自主的にすることになっている夜間練習を見てはコーチ同士で議論を重ねました。写真を見ながら、上から打つことが正しいのか、ボールの軌道、バットの軌道はどう描かれているのかなどを検証したのです。

他の球技と比較することもしました。ゴルフやテニスに置き換えて、野球の場合はどうかという研究をしたわけです。

ピッチングにしても、たとえば、かつての名ピッチャーは、「速い球を投げるには、足を高く上げて勢いをつけるんだ」と言っていました。ところが、足を上げて……というのはその投手の感覚でそういう気がしただけで、実はすり足に近かった。ほとんど足は上がっていなかったのです。

論理的にいえば、速い球と足上げは関係がない。関係があるのは、運動スピードです。

立つ姿勢にも同じことがいえます。足の内側の筋肉に力を入れて内側にしぼって……というのが球界の常識だというのですが、実は、それがもっとも悪い姿勢なのです。

たとえば、ジャンプをするときにこの姿勢ではうまくいかない。ジャンプをするときの重心の位置は腿でも内転筋でもなく、股関節にあるのが一番いい。こういうことを知らないまま、感覚や常識といわれているものに頼って指導をするから間違いが起こるのです。

そうした間違いを正すために、私たちは「打つこと」「守備」「投げること」「走ること」と、命題別に理論的な検証をしていきました。

首位打者になれる選手は、みんな軌道に合わせた打ち方をしています。「大谷選手が打てるのは、彼が特別だから」「イチローさんの記録も、イチローさんは特別だから」「三冠王の落合博満さんも特別だから」と言う人が実に多い。

しかし、私はそうは思いません。特別なのではなく、それが打ち方の基本であり、基本を守っているから優れた記録を残しているのだと思っています。

特別といわれている選手の中に、「後ろ足体重で頭を残して、上からダウンスイングで、腰を回して」という従来の常識で打っている人は皆無なのです。

だから私は、大谷選手やイチロー氏を特別と片づけて、彼らの打ち方を研究しないことのほうがおかしいと思います。よく研究すれば、必ず、共通点が見えてくるはずです。

コーチは経験を頼りにしてばかりではいけません。経験は守るものではなく、どんどん革新していくためにあるのです。

もちろん、自分で会得《えとく》するためには鋭い感覚をもつことが大切です。指導する側にまわったときは、自分の感覚や常識とか基本とかといわれていることを、一度は疑ってみることが大事なのです。これは野球だけではなく、ビジネスについてもいえることだと思います。

自己成長につながる「自責のスタンス」とは？

前項では指導理論をチームで統一して標準化したという話をしましたが、侍ジャパンに指導理論の統一は必要ありませんでした。指導理論とは、打ち方投げ方の原理原則のことですが、侍ジャパンの選手たちは、すでに自分なりの打ち方投げ方をもっているため必要なかったのです。

侍ジャパンというのは、各球団から素晴らしい選手を借りてきて編成されたチームです。侍ジャパンの選手を美術館に展示してある絵画にたとえると、「この絵はちょっと、私の好みじゃないから上から色を塗ってしまおう」というのは許されませんよね。それと同じことで、私たちのマネジメント力で選手がもっているものを変えてはいけないのです。監督はじめ私たちコーチ陣がやったのは、この素晴らしい絵（選手）をどのように展示したら、最高の美術館になるのかということだけでした。

今回の侍ジャパンは雰囲気というか空気感がとてもよかった。それは栗山監督の

「信じて、任せて、感謝する」というスタンスがあったからだと思います。栗山監督は選手のことを信じて、「任せたよ」という気持ちでグラウンドに送り出します。そして任せた結果がどんなことになっても、選手を責めることはしません。それどころか「一生懸命やってくれてありがとう。本当に感動したよ。次も頼むよ」と感謝します。

そう言われた選手は、「次こそ！」という気持ちになります。

この監督のスタンスは、私のスタンスである「自責のスタンス」と同じだと感じました。自責とはすべての責任は自分にあるという考えです。たとえば、選手がエラーをしたら、それは私が指導した結果なので私のミスになります。だから選手がエラーしたら決して責めずに、こちらから「申し訳ないね」と謝ります。選手のエラーは私の責任だからです。

そうすると選手は、「僕のほうこそ、すみませんでした」となり、私のほうは「大丈夫だよ。次行こう。お前ならできるよ」と声掛けします。こういう関係だと、人間関係が良好になり、いい空気感をつくり出すことができます。

では自責の反対「他責」だと、どうなるでしょうか。選手がエラーしたら「なにやってんだよ」と選手を責めます。「俺はちゃんと指導したんだから、教えた通りにできないお前が悪い」と選手に責任を押し付けます。

他責のスタンスでいると、すべてのことに対して相手に原因があり責任があるとなってしまい、原因追及、責任追及を始めてしまう。すると何が起こるのかというと、人間関係が壊れます。さらに、責任は相手にあると考えるので、「自分は悪くない。自分が変わる必要はない」となって「変わらなければいけないのは相手のほうだ」という思考になるため、自己成長を放棄することになります。

自責のスタンスだと、選手がエラーしたら「あの選手が次に成功するために、私はどんな指導をすればいいだろう。どんな改善策をとったらいいだろう」と、解決策に焦点を合わせて物事を考えていくので自己成長につながります。

それでは、私たちは自責で生きるほうがいいのか？　他責で生きるほうがいいのか？　と問われたら、私は自責で生きるほうが断然楽しいと答えます。人間関係も良くなるし、自分も成長できるからです。

答えはわかりきっているのに、自責で生きられない。

なぜなら、私たちは自責が大嫌いだからです。「選手がミスをするのは仕方ない。

だってまともな指導ができないんだから」「ああ、俺はなんて無能なやつなんだ」と、相手を責めるように自分を責めてしまう。すると自己肯定感が下がり、メンタルが壊れていってしまいます。「それだったら、他人のせいにしたほうが楽だよね」となって自責から逃げているのです。

でもこれは、自責という考えを完全に誤解しています。自責は責任を伴うものですが、自分を責めるものではありません。相手に接するように自分に接することができれば、自分を責めることにはなりません。つまり相手との関係をよくするように、自分との関係をよくしなければいけないのです。自分との関係が悪くなることがあらゆる病気のもとになるのですから。

「今回起こったことは残念だったね。悲しいよね。そんな思いをしたくないよね。でも今回のことで学んだこともあるよね」「今回のことをどう次に生かせるか、一緒に考えてみようか」と自分に優しい声掛けをしてあげれば、自分を責めることはしなくなりますよね。自責のスタンスとは、相手を責めないと同時に、自分も責めないのです。

ですから、自責になるのは決して難しいことではありません。

「リーダー」よりも「リーダーシップ」が大切

次に二つ目の「目的、目標達成に向けてメンバー全員が自分の役割と責任を全うすること」について説明しましょう。

前にも触れましたが、役割と責任を全員が全うするというのは、人には三者三様の考え方や個性や強みがありますが、ゴールに向かって、それぞれの能力、強み、個性や多様性のすべてを全員が生かしていくことなのです。

これが私の考えるリーダーシップです。リーダーシップとはリーダーだけが発揮するものではなくて、誰もが発揮できるのがリーダーシップなのです。

今回の侍ジャパンでは、ダルビッシュ有投手が宮崎キャンプ初日から侍ジャパンの合宿に参加してくれて、若手投手とコミュニケーションをとっていたことが連日報道されました。ダルビッシュ投手は、日本での壮行試合では、MLB（大リーグ機構）の規定もあり登板できず、自身の調整が難しくなることもいとわず参加してくれました。

まさに、ダルビッシュ投手は、リーダーとしての役割を果たしてくれました。

また、今回侍ジャパンに初招聘されたラーズ・ヌートバー選手。われわれの目的は「感動を与えること」と述べました。

打ったらファーストに全力で走る。高校野球を見てなぜ多くの人が感動するかといえば、みんな一生懸命だからです。全力プレーからしか感動は生まれない。意識してできることをとにかく愚直にやり続けるところに感動は生まれます。

一次ラウンドの中国戦。なかなかチャンスをものにしきれない展開の中、平凡な一ゴロかと思われた打球でも全力疾走をして、これが相手野手のファンブル（つかみ損なうこと）を誘って（記録は内野安打）出塁し、追加点のきっかけをつくりました。ヌートバー選手本人は「チームのみんなが一〇〇％を出すためにここにいる。どんな選手でもこの状況下なら同じことをするはずです。でも、野球選手なら、一塁に全力で走ることを誇りとしてるはずです」と試合後のインタビューで答えていました。

そして彼は一気に日本人の心を摑みました。メジャーリーガーでも全力で一塁まで走る。なぜ全力で一生懸命プレーすると勝てるかというと、全力で走っていると、相手にはプレッシャーがかかります。全力でプレーをする相手選手を見ると、自分のリズムでプレーができないのです。

ヌートバー選手の全力プレーをチームメイトが見て、メジャーリーガーなのに、誰よりも一塁まで懸命に走っている。俺たちももっとやらなければならないとチームの雰囲気が変わりました。そして全員が全力で走り、感動を与えるプレーをするという目的がチームにさらに浸透していきました。

そして、ファンのみなさんからは、侍ジャパンへより大きな声援をいただけるようになったのではないでしょうか？　ファンが応援したい選手は、打っても走らない選手ではなく、何が起こるかわからないと思ってあきらめずに走っている選手なのですから。

リーダーシップは、誰もがもっている

試合に出ていない人が、この立場でできることは何だろうと行動することがチームをひとつにすると前に述べました。

これこそが、私の考えるリーダーシップです。

全員がリーダーシップを発揮する組織になることが何よりも大切。試合に出ていない選手が、ベンチの雰囲気を変えて、試合に出ている選手のプレーを変えて、試合を勝利に結びつけるのです。試合になれば、ゴールに向かってみんなで心をひとつにする――それが侍ジャパンでした。

侍ジャパンでは、栗山監督がキャプテンを置かない、と言いました。全員がキャプテンです。短期決戦のリーダーは、自然発生的に生まれたほうがいい。大事なのはリーダーよりリーダーシップです。リーダーシップは全員が発揮できます。肩書きとしてのリーダーが存在すると、そのリーダーにチームが依存しがちになっていきます。

会社でいえば新人には新人のリーダーシップあります。

初めて入ってきた人にしか見えないものがいっぱい見える。イメージしていたものとのギャップがあったら、そのギャップが初めてわかりますが、以前からいると見えなくなってしまうものです。

新人は新人が発揮できるリーダーシップがあるのに新人だから言わなくていい、いや新人だから目立たないほうがいいとなってしまったら組織としてももったいないし、新人としての成長も限定されてしまいます。

たとえば定年間際のベテランでも、「俺はもう辞めるから退職金もらうまで適当でいいんだよ」「お前ら若い奴はそんな一生懸命しゃかりきにやったって給料も上がらないし適当にやっとけ」みたいなベテランではなく、「もう定年間近だけど、いや俺がね、今いるのはこの会社のおかげなんだよ。この会社は素晴らしい。お客さんにはこんなにも喜んでいただける。定年退職しても、この会社にはもっとよくなってもらいたいんだよ。だからこの会社で経験してきたものを、君たちに伝えていきたい」と言って、定年のその日を迎えるまで一生懸命働いている。これはベテランのリーダーシップです。

つまり、リーダーシップは全員が発揮できるものです。

常にゴールに焦点を合わせて物事を見たり考えたり、行動することで、個人のメンタルにも前向きな意識が生まれてプラスになります。

新人だろうが誰だろうが、ゴールに行くために自分ができることをやっていくことがリーダーシップであり、そこに遠慮は要りません。

「新人だけど勇気をもって意見を言ってくれてありがとうね」と言えば、「もっと言っていいんだ」となります。ところが、「そんなことを新人の分際で言うなよ」という発言は、ゴールに向かっていない。

リーダーが常にゴールを意識していれば、「この人はゴールに向かって言ってくれたんだ。ありがとう」と感謝の念が湧いてきます。「自分では考えつかないような、よく勇気をもってそんなアイディア出してくれたよね、ありがとう」となります。

リーダーがゴールの意識から外れていると「そんな斬新なこと、できるわけがない」となります。

誰もがリーダーシップをもち、意見を言い合えることが大切なのです。

「関わる」ことで自分も相手も組織も成長する

三つ目のチームビルディングの柱は「関わる人になること」です。

チームや会社で、自分のやるべきことに真剣に向き合っていない人がいたとします。注意をしても、すぐにふてくされるし、波風を立てて嫌われるのも嫌だから黙っておこうと指導者の立場の人が考えたら、一生懸命やっているメンバーは「あの人やってないのに、上司は何も言わないんだ」「コーチが注意しないのなら、俺もやんないよ」となってしまいます。そしていつの間にか、真剣に向き合っていない人は、いつまで経っても変わらない。

組織は一気にダメになってしまいます。

そうした場合、上司やコーチはどのように、真剣に向き合っていないメンバーに関われればよいのでしょうか？

私であれば感情に焦点を当てるのではなく、

「そもそもわれわれの目標は、世界一だよね。世界一になるためには、今やっていることはダメだと思うよ。今やっていることは、世界一に向かっていることだと本当に自信をもって言える？　みんな世界一に向かっているんだよ。もっとできることってあるんじゃないかな。やろうよ、一緒にみんなで金メダルを取って、一緒に喜びを分かち合おうよ。さぁ、やろうぜ」

と、ゴールに焦点を合わせることで、相手を責める会話にならず、人間関係も悪くなりません。

人と関わると何が起こるのかというと、目の前の人の成長にプラスして自分自身も成長していけることです。というのも、人と関わるには自分がやるべきことをやっていないと関われないからです。チームのメンバー全員が関わる人になると、組織も成長していきます。

チームビルディングの話をすると、真面目な人や言うことを素直に聞く人、仕事ができる人を最初から集めればいいのではないかと勘違いされることが多くあります。しかし、一見やりやすいメンバーばかりを集めたチームは、想定外の事態に対しては意外にもろいものです。

逆に、いろいろな個性や多様性を尊重してメンバーを選べば、いざというときにそれぞれが強みを発揮して想定外のことに対応できます。ただし、メンバー同士が主義主張ばかり戦わせているだけでは前に進みません。ですから、ここでも目的、目標を明確にしていることが大切なのです。

セルフ・コーチングで常に自分に問いかける

他人と関わる上で、自分との関わり方も見つめ直していく必要があるでしょう。自分のことを理解していないのに、他人と関わりをもつのは難しい。

ひとつの方法として、自分で自分をコーチングしていくセルフ・コーチングというものがあります。私は現役の選手だった頃からメンタル・トレーニングを行っていますが、セルフ・コーチングもそのときからずっと続けています。

コーチングでは対象者に対して、目的に焦点を合わせた問いかけを行っていきます。これを自分自身に対して行うのがセルフ・コーチングです。自分がどうなりたいかという目的、目標に焦点を合わせて自分と対話します。

「今、起こっていることに対して、どういう気持ちでいたい？　どう対処していきたい？」「そうなるためには、どんな考え方をすればいいかな？」「どんな行動をすれば目的、目標に近づくかな？」「目的、目標にたどり着いたら、どんな気持ちになるかな？」「そこに行きたいよね。じゃあやろう」。こんな感じでいつも現時点から目的、目標に焦点を合わせて自分と対話していくので、ポジティブになれます。

多くの人が目的、目標に焦点を合わせないまま、今起こっていることしか見ていません。「なんでこんなことになってしまったんだろう」「どうして自分は、こんなにダメなリーダーなのだろう」と、原因追及に焦点を合わせてしまうから、どんどん落ち込んでしまうのです。あるいは、「めんどくさいな」「しんどいから練習したくないな」などと目の前のことにだけ焦点を合わせているから、「今日はやめておこう」となる。

なぜ、今起こっていることしか見ていないのか。それは、人は感情に流されやすい生き物だからです。不安や恐怖、悲しみといった感情は、抑制しようとしても自然に湧いてきてしまうもの。これはコントロールできないものです。ちなみに、他者も過去も天気もコントロールできません。世の中、コントロールできないことだらけなのですが、自分の思考と行動はコントロールできます。

状況が、メンタルを壊すのではありません。その状況に対してどう思考するのかが大切なのです。状況が変わらないのにそこと戦うとメンタルは疲弊してしまいます。戦えないものと戦わない。コントロールできないものに対してはコントロールしようとしないで受け入れるだけでいい。メンタルは、心が勝手に考えているものではなくて、実は自分の思考なのです。

私はいつも意識して笑顔でいるようにしているのですが、そうすると自分の気持ちもポジティブになるし、周りも和《なご》やかな雰囲気になります。また言葉の力というのは大きくて、自分が普段使っている言葉が自分や周りに多大な影響を与えます。「幸せだね」という言葉を口癖にしている人は、実際に幸せを実感できるし、周りの人も幸せにできます。

ただし、言葉の使い方には注意が必要です。ポジティブな意味だと思って使っている言葉が、実はネガティブな意味になっている場合もあります。たとえば「〜しないようにしよう」という言葉。「ミスをしないようにしよう」と言うと、かえってその言葉に引きずられてミスをしてしまいます。「〜しないようにしよう」という言葉は、やることが明確になっていません。やってはいけないことしか言っていないため、実行するのが難しいのです。

やるべき事柄を明確にすることを実行目標といいます。「〜する」という言葉は、やるべきことが明確なため、実際の行動につながっていきます。

セルフ・コーチングで大事なことは、自分自身に対して問いかけ続けることです。「どんな自分でいたい?」「どんな人になりたい?」と。そうすれば、「がんばらない自分よりも、がんばる自分でいたい」「がんばる自分が好き」となるので、実際の行動に移せる人間になることができます。

WBCの緊張とプレッシャーをどう力に変えたのか?

今回の侍ジャパンは、雰囲気がちょっと違う。みんな笑顔で楽しそうにしている。なんだか勢いもあって、ワクワク感も伝わってくる。WBCが始まってからは、周囲からそういった声がチラホラと聞こえるようになってきました。

確かに、これまでは「優勝して何が何でも世界一になるんだ。そのために死に物狂いでやる。命がけでやる」といった国民の期待を背負っての重圧感がありましたが、今回の侍ジャパンは「野球を楽しんで、最高の野球を国民のみなさんに見てもらいたい」という気持ちにあふれていました。萎縮や恐れがなく、勝つことしか考えていないし、自分たちにはそれが絶対できるとみんなが信じていました。

侍ジャパンのメンバーがそのような雰囲気になったことに一役買ったのが、ダルビッシュ投手のメッセージではないでしょうか。

「気負いすぎというか、戦争に行くわけではない。自分たちは好きな野球をやってきた。その中で、大会に勝つためのベストメンバーで、オールスター中のオールスター。それなのに、みんなでガチガチになって、アメリカに負けたとしても、日本に帰れないというマインドで行ってほしくない」

改めてこの言葉を振り返ってみると、ダルビッシュ投手という支えがあったからこそ、若手の選手たちは気負い過ぎず伸び伸びとプレーできたのかもしれません。

さて選手たちが楽しそうで勢いのある雰囲気というのは、かつて私がファイターズの二軍監督をしていた頃も、周囲で言われていたことでもありました。

二軍監督に就任して私が最初に打ち出した方針は「選手のプレーの結果に対して怒るのはやめる」ということでした。こちらが指示してやらせるのではなく、あくまでも選手自身に考えさせ、自発的にやろうとする気持ちを引き出すことこそ勝利への突破口になると考えたからです。

当初はみんな変に思ったらしいのです。選手が重大なエラーをしても、なかなか怒らない。一生懸命応援しているファンにしてみれば腑《ふ》に落ちない。「おい、アメリカ帰りの若い監督よ。随分選手を甘やかしているじゃないか。そんなんじゃ選手はよくならないぞ」などと散々言われたものです。

しかし、ミスをした選手を叱ってもいいことは何もありません。ミスをした後の選手は、本人が一番気にして萎縮しているため、ミスがミスを呼びます。だからミスした後ほど、積極的に励ましの声掛けをしていました。

これは侍ジャパンでも同じでした。エラーをしても、誰ひとり責める人はいません。それどころか、監督やコーチ陣だけでなく、選手同士で励ましあっていました。エラーしてベンチに帰ってきた仲間には、「大丈夫、次は思い切っていけよ」と言う。そう言われた選手は「すみません。次には絶対取り返します」と元気に応じる。

普通ならエラーが出ると、ベンチの雰囲気は悪くなり、気まずい空気が流れる。エラーした選手は、仲間が自分のことをどう思っているかが気になります。

ところが、エラーした選手にチームメイトが声をかけると雰囲気は一転します。しかも、エラーした選手だけでなく、ほかの選手たちも非常に前向きなプレーをするようになるのです。

励ますことひとつにしても、コーチ任せでなく、選手も一緒になってやる。これがチーム全体に活気を与え、いい雰囲気をつくり出す鍵ではないでしょうか。

また侍ジャパンは、緊張や重圧感さえも楽しめるチームでした。

WBCという最高の大舞台において緊張しない人なんて誰もいません。プレッシャーがかかって当然です。私は決勝戦の前に、みんなを前にして言いました。

「そもそも、われわれが野球を始めたのは野球が大好きで、その大好きな野球で勝ちたい、優勝したい、そういう思いで始めたんじゃないのか。勝ちたいと思えば、誰だって緊張する。ましてや野球の世界一を決めるワールド・ベースボール・クラシックの決勝戦で緊張や重圧を感じない選手なんていないよね。だけど、この緊張感って侍ジャパンのメンバーじゃないと感じられないものだよね。俺たちにしか感じられない緊張感なんだから、大いに緊張してその緊張感を味わっていこうじゃないか」と。

私は緊張感や重圧に対して、「リラックスしていこう」とは言いません。リラックスしようとすればするほど、排除しようとすればするほど襲ってくるのが緊張感だからです。排除できないものにエネルギーを使うと、メンタルがどんどん疲弊していってネガティブになってしまいます。

緊張感と戦うのではなく、「緊張感はあるものだ」――そう思ってただ受け入れればいいのです。それと同時に、ものの見方、捉え方を変えてみましょう。

緊張するということは、それだけ成功したい、勝ちたいという気持ちが強いからこそ生じるもの。遊びでやる草野球などではそれほど緊張しないのは、勝っても負けてもどちらでもいいからです。絶対に勝ちたいと思うからこそ緊張するのだから、その緊張感はよいプレッシャーといってもいいでしょう。

よいプレッシャーはワクワク感にもつながるため、侍ジャパンは決勝戦でも臆することなく戦えたのだと思います。

コミュニケーション（人間関係）におけるメンタル・コーチング

Mental coaching in communication

CHAPTER 2

組織のメンバーとは距離感が近ければ近いほどいい

「効果的なチームとは、どのようなチームか？」について、Google社が二〇一二年から四年の歳月をかけて調査・分析した結果があります。

それによると、重要なのは「誰がチームのメンバーであるか」よりも「チームがどのように協力しているか」ということでした。そしてさまざまな協力方法がある中で極めて重要なのが「心理的安全性」であり、心理的安全性が保たれているチームは離職率が低く、収益性が高いという調査結果が出ています。

この「心理的安全性」とは、チームのメンバー全員が組織やチーム全体の成果に向けて、率直な意見を言い、質問しても安全だと感じられる状況のことです。一見すると普通に行うことができそうですが、実は組織やチームでこれを行うのは非常に難しいといわれています。

たとえば、役職者の立場であれば「私はこうしたほうがいいと思う」「その規則はちょっとおかしいんじゃないか」「〇〇についてみんなはどう思う？」などと意見や質問を言うことは簡単にできるはずです。しかし、新人の立場だったら、上司や先輩社員に向かって、素直に意見を言うのは難しいかもしれません。

「相手はベテラン社員だから……」とか「上司に向かって自分の意見を言うなんて」と、どうしても臆する気持ちが出てきてしまう。もしそのような環境ならば、心理的安全性が低い組織やチームということになるでしょう。

今回の侍ジャパンは、監督、コーチングスタッフ、選手の関係が非常にフラットでみんなの距離感が近かったように思います。

それを象徴する出来事が、大谷翔平選手が侍ジャパンに合流した初日にグラウンドに姿を現したときではないでしょうか。彼は旧知の選手やスタッフにはタッチや挨拶を交わし、初対面の若手選手には積極的に話しかけていました。私などは、走ってきた大谷選手に挨拶代わりに体当たりされ、「誰でしたっけ?」とちゃめっ気のある冗談を言われました。

大谷選手とはファイターズ時代の四年間、コーチと選手という間柄だったのですが、この五年間でMLBで大活躍している大谷選手に対して、距離ができてしまったように感じていたところはあります。そのときも、どうやって挨拶したらいいものかと少し緊張していたのですが、この大谷選手の一言で一気に距離が縮まった気がしました。

大谷選手のこの行動に関しての報道は概《おおむ》ね好意的でしたが、学生時代に体育会系の部活動に入っていた方から見たら、「選手がコーチに体当たりで挨拶するなんて信じられない」と思ったかもしれません。

でも、私から言わせると、組織やチームの人たちとの距離感は近ければ近いほどいいという考えです。距離感が近ければ、相手の立場に関係なく率直な意見を言えるし、疑問があれば質問できます。相手も何を言われたとしても肯定的に捉えてくれる。まさに心理的安全性の高い組織といえます。

心理的安全性の高い組織・低い組織

栗山監督も私も選手のことは「ダル」とか「翔平」と、たいていは下の名前で呼びます。

監督と私は同い年で旧知の仲なので、普段は「クリ」「カズ」と呼び合っていますが、侍ジャパンのときは「監督」と「カズ」という呼び名に変わります。

これは組織の中では監督は監督の立場、ヘッドコーチはヘッドコーチの立場と、それぞれの立場に立って物事を考えていかないと組織がうまく回っていかないからです。

私はヘッドコーチとしての立場から、監督に対しては忌憚《きたん》のない意見を言います。なぜ言えるのかといえば、栗山監督は忌憚のない意見を求めている人であり、なおかつ私の意見に対して理解を示してくれるという安心感があるからです。

もし監督が私の意見に対してダメ出しばかりしていたら、「余計なことは言わないほうが安全だ」となるでしょう。そして残念ながら、世の中には言わないほうが安全だという組織、つまり心理的安全性が保証されていない組織がたくさんあります。

日本人はとくに「和を乱さないように」「余計なことを言わないように」という考えが根強くありますが、それはダメ出しの文化があるからです。たとえば、会議などで部下が発言したことに対して、「もっとまともな意見を言えないのか」と言う上司がいれば、部下は今後意見を言わなくなるでしょう。上司への報・連・相も同じです。上司に報告に行ったら、「そんな報告聞きたくない。もっとまともな報告を上げてこい」と言われれば、部下は隠蔽《いんぺい》するかもしれません。これでは、成果を上げるチームにはなりません。

これとは反対に、心理的安全性が高い組織ならば部下が意見を述べたら、「そういう考え方もあるんだ。自分では考えつかなかったよ。ありがとう」となる。言いづらい報告をしたときも「言いづらかっただろうけど、正直に報告してくれてありがとう。君がいち早く報告してくれたから、事後対応も迅速にできるよ」と言われれば、部下は迅速に報告してくれるようになります。このようにすると組織はうまく回っていきます。

ただそうはいっても、部下と上司の距離感があまりにも近すぎると、緊張感のないヌルい組織になってしまう危険性もあります。どうしたら、ある程度の緊張感をもちつつも心理的安全性が保たれるのか。

それは相手に対する「リスペクト」があるかどうかと、組織として「ゴールに焦点を合わせているかどうか」の二つがポイントになってきます。

信頼関係がなければ、心理的安全性が保たれないのは当然ですが、そもそも信頼関係とはお互いのことをリスペクトしているからこそ成り立つ関係です。部下が上司に対して、上司が部下に対して、お互いに相手を尊重することが大切だということです。そしてお互いへのリスペクトがあれば、距離感が近くてもヌルい関係にはなりません。

ただし、部下の機嫌をとったり、へりくだったりすることが心理的安全性をつくることになると勘違いしてしまうと、部下からは尊敬されません。相手におもねるのが一番信頼をなくす行為だからです。

ゴールに向かって焦点を合わせている組織であれば、目指す方向が一致しており、それに向かって切磋琢磨《せっさたくま》しコミュニケーションをとっていく関係性が築けるため、なあなあの関係になることはありません。

また心理的安全性とは、率直な意見や質問に対して、それを否定する意見を言わせない空気をつくることだと思っている人もいるかもしれませんが、そうではありません。真に心理的に安全な組織というのは、常にゴールに向かってメンバーみんなが意見を言える場のことです。要するにゴールを共有していることで、心理的安全性が担保されているといえます。

そういうふうに考えれば、新人だろうが役職者だろうが、ゴールに向かっていくために述べる意見はみんな等しく貴重な意見なのです。ですから、出してくれた意見に対しては「貴重な意見をありがとう」という態度が正しいのです。

意見を出しやすい雰囲気をつくるのが中間管理職の役割

ある地方自治体が主催する講演会に招かれたことがあります。そのとき、職場でいうと課長にあたる、ちょうど私のような立場の人から、どうやって他の職員とのコミュニケーションをとればよいのか、という質問を受けました。

まさしく私のヘッドコーチという立場は、監督とコーチの間、監督と選手の間、あるいはコーチと選手の間の橋渡し役であり、監督を支える補佐役。そしてコーチ同士の会議でリードする立場に位置しています。

私が、この立場に立って一番に心がけていることは、メンバーが意見を出しやすい雰囲気をつくることです。たとえばコーチ同士の会議のときに、一人のコーチがしゃべっている最中に、身を乗り出して頷いているコーチがいたとします。

そういうコーチは、自分のイメージが具体的にあって、しっかりとした意見ももっている。その人に話を振れば、その人のイメージや意見がそのまま出てくる。そうすれば、はっきりとしたイメージをもてないでいる人も、それを聞いてもてるようになり、発言できるようになります。

だから、会議の席で、私が率先して意見を言い出すことはめったにありません。「どう思いますか」という形で振っていくだけです。なぜならば、チーム内では監督に次ぐ役職のヘッドコーチの立場にある私が発言すると、それは最終的な答えになってしまう恐れがあるからです。

これは監督の立場でも同じで、監督の答えはそのまま決定事項になってしまいます。監督を交えた会議では、私の立場はますます複雑になりますが、やはり原則は同じだと思います。

要するに、最終的な決断を下す立場にいる人よりも前に、多数の意見を吸い上げること。そのためには、話しやすい雰囲気づくりが大切だということです。

話しやすい雰囲気をつくるには、質問形式で、こちらから語り掛けるのがいいでしょう。それによって円滑な人間関係を築くことができます。また、意見を共有することにもなります。そしてさらに、こちらが出す最終判断を受け入れる態勢を整えることもできます。

選手を相手にしたときも同じです。今日の調子や体調は、私が判断するのではなく、こちらから質問するように声をかけます。

毎日の挨拶の中で、「○○おはよう。調子はどう？」「今、どんな感じ？　なんか困ってることない？」「今、時間ある？」といった感じで一人ひとりの選手に声掛けをします。改まって「どう？」とやってしまうと、選手のほうがかしこまって本音を言ってくれないかもしれないため、挨拶の中でさりげなく聞いています。

そのときに、必ず選手の名前を呼んで挨拶するのは、「あなたのことを気にかけていますよ」という承認のメッセージを伝えるためです。

そういう意味で、私は相手からの挨拶を待つこともしません。

「最近の若者は挨拶しない」と言う人は結構いますが、なぜ年下の人が年上の人に挨拶するまで待っていなければならないのでしょうか。自分から挨拶すればいいだけの話です。上司だから部下からの挨拶があって当然だという関係では、心理的安全性が保証されていない、といわれても仕方がないでしょう。

このような間違った常識というのは、世の中にはたくさんあります。たとえば、一昔前は運動中に水を飲むな、ピッチャーは肩を冷やすなと言われましたが、今は水分補給をして、練習後は肩をアイシングしろと言われます。このように医学や科学が進歩しているのですから、指導法だって進歩していかなければなりません。今までのやり方でうまくいかないのなら、やり方を変えましょう。

一〇〇%の答えがないからこそ話し合う

プロ野球のひとつのチームには、コーチが一〇人程度いて、その一〇人がそれぞれ自分の野球観というものをもっています。

それは当然だし素晴らしいことなのですが、その一〇通りの考えを全部一人の選手に言ったら、選手はいったいどうなるでしょうか。

たとえばバッティングひとつにしても、Aコーチが「腰を回したら打てるようにな る」と言う。次にBコーチが「体重を後ろに残せ」。Cコーチは「上からバットを出せ」。Dコーチは「右足に体重を残したらダメだ」と言う。これでは、選手はどの人の言うことを聞いたらいいのか迷ってしまう。

たいていのコーチは、「俺が誰々を育てた」ということを自分の手柄としたいと思うものです。だから、つい、自分のやり方を教えてしまう。しかし、それが正しいかどうかはわからない。しかも、それをどのコーチもやっていたとしたら……。そんな組織では、育つ選手も育たなくなってしまいます。

そんなことをなくすために、私がファイターズの二軍監督だった頃の二〇〇一年から二軍に導入したのが、選手に教える前に行うコーチ間の意思統一でした。

第1章でも、チームビルディングにおいて科学的に検証して指導理論を統一し標準化させることについて述べましたが、本章では、さらにコーチと選手との視点でどのように意思統一を図り、成長に結びつけていけばよいのかをお話しします。

選手一人ひとりについて、コーチたちが統一した見解をもっていれば、選手に対するアプローチは決してぶれることがない。そのために必要な各選手への共通認識を、コーチ間でもつことから始めたのです。

そこで重要になってきたのが、コーチたちの間での綿密な意見交換やディスカッション。練習の前に一時間、終わってから二～三時間になることも珍しくありませんでしたが、コーチ同士の議論にそれだけの時間をかける別のメリットを発見できたのも大きな収穫でした。

自分が知らない情報を、別のコーチが知っている。また、他のコーチの理論、考え方を学ぶチャンスにもなりました。

このように、コーチ同士のミーティングは、指導者の能力アップ、スキルアップにもつながりました。

コーチの職務も、自分の経験だけで教えて自己満足しているレベルから、組織の一員として、一貫した指導を担《にな》う内容へと変わっていきました。

そして、このコーチ・ミーティングの導入でもっとも恩恵を受けたのは、何といっても選手たちでした。

担当コーチが「左のわきを締めていくことが、お前の最優先課題だ」と伝えれば、Bコーチは「左わきが締まってきて、スウィングがよくなってきたよ」、Cコーチは「そのスウィングなら、絶対打てるよ」と、コーチ全員が「左わき」改善を意識して声をかけていくので、選手も迷わず目標に向かっていけます。

このようにコーチ間のやりとりが多くなるにつれて、重要性を増してきたのが、情報の共有化でした。

これまで選手の指導記録は、コーチが練習中につけるメモだけに頼っていました。ところが、どのコーチもずっとその球団にいるとは限らない。よそのチームに移ることもある。そんなとき、そのコーチによって保管されていた指導記録は球団から永久に失われてしまいます。それを防ごうと導入したのが、パソコンによる管理でした。

実は二〇〇一年当時は一二球団のうち、監督、コーチ全員がパソコンを使える球団は、それほど多くありませんでした。ですが、いったん慣れてしまうと、パソコンなしの管理は考えられなくなりました。

各コーチがもつ指導記録はすべて共有化され、誰もがいつでも引き出せるようになり、その後はこの共有化データが、コーチ・ミーティングの根幹を担い、コーチ、管理職間のチームワークを築く重要なツールとなりました。

また、会議やミーティングには情報の共有化以外にも大きな利点があります。

そもそも、会議やミーティングは何のためにするのか。それは答えがないからです。

これをやっておけば一〇〇％うまくいくという答えがあったら、指示・命令だけで済みます。でも実際には、一〇〇％の答えがないから、みんなで会議を開いて答えを探しにいくのです。

それでは、本当に一〇〇％の答えはないのかというと、実は答えはあります。会議やミーティングでみんなで話し合って決めたことが、一〇〇％の答えなのです。つまり、みんなで決めたことが一〇〇％の答えだという前提に立って行動していけば、それが一〇〇％の答えになるわけです。

とはいえ、本当のことをいえば、みんなが決めたことだって一〇〇％の答えとは限りません。しかし、みんなで決めたことならば、迷いなくみんなで協力できます。もし万が一、うまくいかなかったとしても、またみんなで話し合って改善点を探ればいいのですから。

コミュニケーションを促進した大谷選手のペップトーク

「僕から一個だけ。憧れるのをやめましょう」

「ファーストにゴールドシュミットがいたり、センターを見ればマイク・トラウトがいるし、外野にムーキー・ベッツがいたり、野球をやっていたら誰しも聞いたことがあるような選手たちがいると思う。憧れてしまっては超えられないので、僕らは今日超えるために、トップになるために来たので。今日一日だけは彼らへの憧れを捨てて、勝つことだけ考えていきましょう！」

「さあ行こう！」

この言葉は、WBCでのアメリカとの決勝戦の前に、大谷選手がロッカールームでチームメイトに向けて語ったものです。そのときの動画が侍ジャパンの公式ツイッターで公開されましたが、この言葉はペップトーク（peptalk）としてずいぶん話題になったと聞きました。

ペップトークとは、もともとアメリカでスポーツの試合前に監督やコーチが選手を励ますために行っている短い激励のスピーチのことです。「pep」には元気、活気、活力といった意味があり、ペップトークは自分自身や他者のやる気や集中力を引き出すためのコミュニケーションスキルとして活用されています。

ペップトークはスポーツの現場以外にも、職場や家庭、教育現場でも活用が期待されています。たとえばビジネスの現場だったら、プレゼンテーションや商談の前、営業会議やキックオフミーティングのとき、一日の始まりなど、集中力やモチベーションを上げたい場面において、短時間で効果を発揮できるものです。

ペップトークは、次ページの図のように受容、承認、行動、激励という四つのステップを踏んでスピーチすると効果的だといわれています。

大谷選手のペップトークは、まさに受容、承認、行動、激励の順で展開されています。

「僕から一個だけ。憧れるのをやめましょう。ファーストにゴールドシュミットがいたり、センターを見ればマイク・トラウトがいるし、外野にムーキー・ベッツがいた

ペップトークの4ステップ

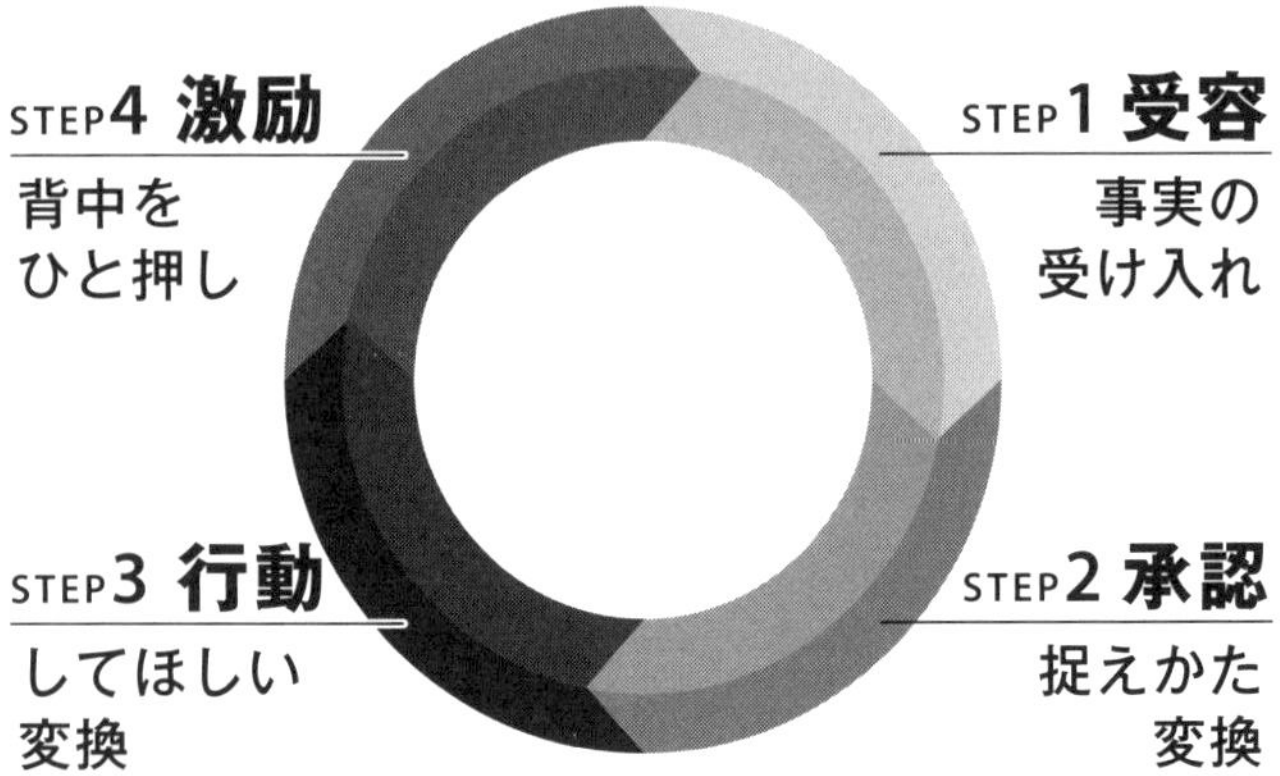

り、野球をやっていたら誰しも聞いたことがあるような選手たちがいると思う。憧れてしまっては超えられないので」

ここまでがステップ1の受容です。侍ジャパンのチームメイトの気持ちを代弁し、受容しています。日本人選手にとってMLBでプレーすることはまだまだ憧れであり、そこで活躍している選手たちにも憧れがあります。その憧れという事実を代弁し、「憧れをやめないと超えていけない」という言葉で選手の気持ちを受容しています。

「僕らは今日超えるために、トップになるために来たので」

ここがステップ2の承認です。この言

葉は、「日本が世界一になるために、自分たちはやれることすべて、やってきた」――そのことを認めています。

「今日一日だけは彼らへの憧れを捨てて、勝つことだけ考えていきましょう！」

この部分がステップ3の行動です。「憧れを捨てて、勝つことだけを考える」という具体的な行動が示されています。

「さあ行こう！」

ステップ4の激励。最後の一押しというところでしょうか。この言葉を聞いてみんなのテンションが一気に上がって、憧れのアメリカと対戦できてうれしいという気持ちから、「勝ちにいく」という姿勢に変わっていきます。

大谷選手がこのペップトークをどんな気持ちで言ったのかは本人に聞かなければわかりませんが、このときの侍ジャパンは準決勝のメキシコ戦で最後まで苦戦を強《し》いられ、九回で村上選手の逆転サヨナラタイムリーで決勝進出を決めたこともあって、侍ジャパン全体の空気感としてどこかで達成感や「これで決勝戦でアメリカと戦える」という安堵感のようなものはあったと思います。

そんな中で、大谷選手とエンゼルスで同僚のマイク・トラウト選手のサインボールが、侍ジャパンのメンバー全員にプレゼントされて、それをみんなが喜んでもらっていた、ということもあって……。そういう空気感があるからこそ大谷選手は、「憧れるのはやめましょう。……僕らは今日超えるために、トップになるために来たので」という発言をしたのではないでしょうか。

大谷選手のペップトークは、大谷選手だから言えた言葉だし、アメリカに憧れてしまっている空気感だからこそ響いた言葉だと感じました。

若手とベテランの融合が大きな力を生む

二〇〇六年に日本ハムファイターズは、二十五年ぶりのリーグ優勝、そして四十四年ぶりの日本一、またアジアシリーズでもチャンピオンに輝き、アジアナンバー1の称号を獲得できました。その大きな要因が、若手とベテランの融合です。

たとえばベテランが多いと、あまりにも世間の波風を知りすぎていて、あきらめムードになることがあります。そんなときは、こわいもの知らずの若手が粘る。

その結果、われわれのチームは、どんな状況になっても決してあきらめない、必ず勝つチャンスがあるという空気を、常に九回裏までもち続けることができました。

逆に、若い選手ばかりだと、ピンチになったときに動揺し、チームがうまく機能しなくなるときがある。そんなときはベテランの出番です。海千山千の経験を発揮して、チームを救ってくれたことが何度もありました。

若手の勢いとベテランの経験。これをバランスよく融合させたとき、どんな組織においても、非常に機能的な集団ができあがるものです。

それを単なる形だけの融合ではなく、気持ちの上でも融合させ、本当の意味で一丸となったときこそ、チームは全体として素晴らしい力を発揮します。

今回の侍ジャパン優勝の要因のひとつも、若手とベテランの融合が考えられると思います。

大谷翔平、ダルビッシュ有、吉田正尚《まさたか》らMLBで活躍するメジャーリーガーの選手に加えて、佐々木朗希や村上宗隆など若き才能あふれる選手たちがそろった今回の侍ジャパン。実力はもちろんですが、明るく楽しい雰囲気がありました。

この明るく楽しい雰囲気は、最初からあったわけではありません。徐々にできあがっていった感じです。まずは「信じて、任せて、感謝する」というスタンスの栗山監督の存在が大きかったし、前にも触れましたが、侍ジャパンの始動となった宮崎キャンプでダルビッシュ投手が若手選手たちと積極的にコミュニケーションをとってくれたことも大きかった。

若手選手にとっては、ダルビッシュ投手は雲の上の存在で、「どうコミュニケーションをとっていいかわからない」というところからスタートしていたと思うのですが、そのダルビッシュ投手が自分のほうから若手選手たちのところに降りてきて話し掛けてくれたことで、選手間の距離が一気に近づいてフラットな関係ができたと思います。

そのおかげで侍ジャパンでは「何を言っても大丈夫なんだ」という心理的安全性が保証されました。そういう意味でダルビッシュ投手のチームへの貢献度は本当に大きいと感じました。私は陰のMVPはダルビッシュ投手だと思っています。

若手選手とダルビッシュ投手の交流を見ながら、ふと昔のことを思い出しました。私がファイターズのヘッドコーチをしていた頃、ダルビッシュ投手がファイターズに入団してきました。

高卒新人投手として、一年目から五勝五敗、二年目には一二勝五敗でチームの日本一に大きく貢献してくれました。

そのときから、さらに成長した彼の姿を間近で見られたことはとても感慨深いものがありました。

上司の選択肢を増やすのが中間管理職の役割

試合においては、最終的な意思決定権は監督にあります。中間管理職としてのヘッドコーチの役割は、監督の考えを伝え、監督を支えることです。ですから、私自身が監督に対して、ああしたほうがいい、こうしたほうがいい、と伝えることはしません。そういう意味では、出番の見極めが非常に難しいともいえます。

栗山監督はときどき「こうしたいと思うが、どう思う?」と聞いてくることがあります。そういうときは、実は監督の中ではもう決めていることなので「そうしたほうがいいと思います」と言って後押ししかしません。監督は誰よりもチームのことを考えている人なので、その監督が最善の方法を考えて出した結論だからです。

また、監督は本当に迷っているときにも、私の意見を聞いてくることがありました。「Aが一〇点満点の一〇だとしたら、Bは何点ぐらいかな?」と言うので、「監督ね、Aが一〇点満点の一〇ならBは二〇点ですよ」と答える。「え?　一〇点満点でって聞いてるのに?」と監督は言うのですが、「もう倍くらいBのほうが調子がいいです」とはっきりと言います。

そうでないと、監督の迷いは収まらないからです。仮に私が「Aが一〇ならBは九くらいです」と言ったとしたら、監督はもっと迷ってしまうかもしれません。私の役割は監督の迷いを解くことにあるので、はっきり言います。

でも、最終的に監督が私の意見を採用しなかったとしても、まったく気にしません。私のコーチとしての役割は、意見をテーブルに載せること。載せられた意見が採用されるかどうかは、私が決めることではないのです。そして決まったら、それに従って全力を尽くすだけです。

それとは逆に、自分の意見が採用されないと、やる気をなくしてしまう人もいます。こうなると、最初から「自分の意見を言うのはやめよう」と考えてしまうのですが、それでは組織の一員としての役割を果たしていないことになります。上司に意見を聞かれたら、採用されるかどうかは考えずに、上司の選択肢を増やそうという気持ちで意見具申すべきです。

監督に意見を聞かれ、自分の意見を言う場合、どういう質問をされるのかは直前までわかりません。ですから、こちらはいつ何を聞かれても答えられるように準備をしておかなければなりません。

しかし、監督の考えを頭に入れておいてそれに合わせるだけならば、それほど難しいことではありません。いわゆる「イエスマン」ならば、相手に下駄を預けてしまうのだから簡単です。

しかし、中間管理職としてのコーチたるもの、それだけでは職責を全うすることはできません。チームのためには、試合真っ最中のギリギリのところで監督の考えを覆《くつがえ》さなければならなくなる場面もあるからです。

真の忠誠心とはイエスマンにならないこと

ヒルマン氏が監督時代のファイターズで、私がヘッドコーチを務めていた頃のことです。

二〇〇六年の中日との日本シリーズのある試合で、ピッチャーのダルビッシュ投手を交代させるかどうかの場面がありました。投手交代に関して、私は自分の意見をめったに言わないのですが、そのときはピッチャー交代を提案しました。監督とは次のようなやりとりがありました。

「ダルビッシュ投手を代えましょう」「何でだ?」「肩がおかしい」「いや、おかしくない」「いや、おかしい。もう代えましょう」「いや、今日はダルビッシュ投手に任せるから」「監督ダメです」

そうこう言っているうちに試合は進んで、ウッズ選手に打たれ、次に立浪選手が出てきた。監督とのやりとりがまた始まりました。

「監督、代えましょう」「いや、もう一人投げさせる。いや、二人投げさせる。上田選手まで投げさせる」

そして立浪選手に打たれ、三度目のやりとりが始まりました。

「監督、代えてください!」「いや、あと一人」「ダメです。あと一人投げたら代打が出てきます。ここで岡島投手を入れてください」

このやりとりの間に、肩がおかしいかどうかを聞いてくるようにとキャッチャーに指示を出しました。ダルビッシュ投手の返事は私の思った通り。そして、監督がピッチャー交代を決断しました。

最高責任者である監督は、すべての結果責任を背負っています。そのプレッシャーは並大抵のものではありません。そして人間である以上、采配、決断するときに、時として冷静な判断ができないこともあります。ましてこの試合では、ダルビッシュ投手に試合を任せることを確認して臨んだ試合だったのです。

そういうとき、コーチまで一緒に熱くなっていたのではコーチなど要らないでしょう。やはり、一歩引いて見ている者が必要なのです。もちろん、逆にこちらが熱くなっていて、監督が冷静な場合もあります。

とはいえ、よほどのことがない限り、試合の場で采配のことに触れないというのは鉄則です。だから、私が遠慮なく意見を具申するのは試合が終わってからです。遠慮しないで具申するから、ヒルマン監督の機嫌を損ねることもありました。時には一週間くらい口をきいてくれないことも。

しかし、私は忠誠心をもって尽くすことが自分の仕事だと思っています。だから、必ずわかってくれるはずだと思って、正しいと思う意見を具申するようにしていたのです。私は、忠誠心とはイエスマンにならないことだと心得ているからです。

もちろんいつも私が正しいということもないし、失敗することもあります。それでも、言いづらいことを言うこと、監督の手助けになると思うことだったら、どんなに監督が不愉快になっても進言すること——それが私の忠誠心なのです。

人をマスとして見ないことが大事

私たちには、「今どきの若者は礼儀知らずだ」とか「最近の若い女性の乱暴な言葉遣いは聞くに耐えない」などと、十把一絡《じっぱひとから》げに人を判断する傾向があるように思います。

しかし、よく観察すれば、礼儀をわきまえた若者もきれいな言葉遣いで人を魅了する女性も多い。逆に、礼儀知らずで、言葉遣いを知らない中高年も目につく。それを思えば、人をマスとして見てしまうことは、実情からはかけ離れているというべきでしょう。

やはり一対一の対応で、その人間自身を見ていくことが大切です。選手にしても、全員が同じ打ち方や投げ方をしているわけではありません。性格も違う。レベルも違う。それが、ひとつのチームとしてまとまっているから面白いのだし、それぞれが個性を出し合うからこそ大きな力になっていくのだと思います。

もちろん、チーム全体で話すべきことは全員を集めて話すわけですが、そういうときでも、私は選手をマスとして見ないようにしています。どんな場合でも一人ひとりを見ていなければ適切な対応はできないからです。

選手は、それぞれいろいろな悩みをもっています。それを話したい、聞いてもらいたいと思っています。

そういうとき、私は対話というよりも、もっぱら聞き役に徹します。途中で「それは違うよ」とか「おれの経験から言うと」とか口を挟むと、話の途中で腰を折られた選手は、その後、何も話しにこなくなるからです。

私は選手たち一人ひとりに宛てた手紙をよく書きますが、それも「選手をマスとして見ていないよ」ということを伝えるための私なりのメッセージです。

すべての選手に、「今月はこうだったね」「思い通りの成績ではなかったけれど、こういうところはよかったよ」などという手紙を書きました。一人ひとり文面が違うのだから、選手は感動し喜んでくれました。

この手紙作戦は、コーチたちも協力してくれて、選手の反省にコメントをつけるという形で、毎日担当した選手と手紙のやりとりをしてくれました。それがあったからこそ、月に一回の私のコメントも生きたのだと思います。

二軍の監督だったときは、一軍から二軍に降りてきてショックを受けている選手も含めて四〇人ぐらいいたため、大変といえば大変でした。

しかし、文章はあとに残るし、書くことで整理がつくから、極めて有効でした。選手の成長ぶりを実感として受けとめることもできました。

そして、シーズンオフには、一年間の総括を一緒にするために、選手と個別に話し合うのも恒例になっていました。

もちろん、その前に行うコーチ同士のミーティングも欠かせません。選手にとっては「選手対コーチ」ですが、コーチは「コーチ対一人ひとりの全選手」ですから、コーチは何日間ものミーティングを経てから、個々の選手との面談に臨みます。

以前、対談させていただいたビジネス・コーチの石川尚子さんの話によると、日報を出さない営業スタッフに困っていた上司が、コメントを書くようにしたら、毎日提出するようになったという。

「今日はがんばったな」「もうちょっとで契約までいけそうだな」などと書いてあることで、営業スタッフは、上司が自分を個人として見てくれていることに気づいたのではないでしょうか。おそらくそれは次の仕事への励みになったはずです。

自分の失敗体験を語れる人がいい指導者になれる

私は守備の日本記録（一九九四年に二塁手としての連続守備機会無失策記録五四五回。現在は、二〇二一年に広島の菊池涼介選手が五六九回の記録を出して日本記録を更新）をもっていましたが、ミスをしたときの記憶も鮮明です。

あれは、四一五守備機会の無失策が日本記録になった年のこと。開幕から快進撃の状態で、六〇試合ぐらいの無失策が続きました。それが三〇〇守備機会あたりまでいったとき、新聞記者がこう言ったのです。

「白井君、知ってる？　日本記録はいま、阪急ブレーブスのマルカーノ選手がもっているんだよ。たしか、四〇九か四一二だったと思うよ」

私はそれを知りませんでした。ですから、突然教えられてものすごいプレッシャーになりました。打率ならば、翌日に取り返すチャンスがありますが、守備の無失策記録は失策したときにゼロになってしまい、初めからやり直しになります。開幕以来三〇〇までいったところだったため、来年にならないと再挑戦はとてもムリです。このプレッシャーは大きかった。右手と左手がバラバラになって、どう動かしたらいいのかわからないという悲惨な状態になってしまいました。

幸い、その年にはメンタル・トレーニングを開始していたため、マルカーノ選手の話を聞いてから、さらに一生懸命、イメージトレーニングに努めました。東京ドームで達成して、花束をもらって、手を高々と上げている自分の姿をイメージしたのです。

成功をイメージして、「絶対にできる」「練習のときからのことを思い出せ」「今までやってきたように一球一球積み重ねればいいんだ」「ゲームが始まったら、最初の一歩、スタートだけに集中しろ」などと自分に言い聞かせました。

達成した瞬間ではなく、花束をもらっている姿をイメージするとは、自分でもおかしくなります。オリンピックの選手もおそらく、勝った瞬間よりも、表彰台に上がっている自分を想像して練習に励んでいるのではないかと思います。

それはともかくとして、イメージトレーニングが功を奏したのか、私はこの試練を乗り切り、日本記録保持者になりました。

問題はその後です。やったぞと思ってほっとしたとたん、次の試合でエラーをしてしまった。それは、記録達成したときに、次の目標を立てなかったのが原因だと思っています。「よし、これを六〇〇まで伸ばすぞ」と目標を立て直せば、もっと記録を伸ばせた可能性が高かったのに、私はそれをしなかった。

ここで私が学んだことは、「ゴール」＝「スタートライン」ということです。「勝って兜《かぶと》の緒《お》を締めよ」とはよくいったものです。

イメージすることの大きさを知ったのも、このミスのおかげ。目標設定の大切さを知ったのも、このミスがあったから。

だから、私は、選手によく、日本記録をつくった事実よりも、ミスをしたときの話をします。そのほうがよほど選手の成長を手助けできることになると思うからです。

「俺もな、同じようなことがあったよ。ミスしたときって、どうしても受身になって、かかと体重になりやすいんだよな」などと体験をまじえて話すと、選手に伝わるものは多いように感じます。選手からのフィードバックも活発になります。だから、選手の考えもこちらにどんどん伝わってきます。

活発なコミュニケーションは、ひとつの技術習得についても、教え、教えられる関係ではなく、お互いに学び合う関係での習得にしてくれます。そのやりとりの中で信頼関係も生まれます。

「つま先が大事だよな」「グローブは下から上、大事だよな」と共感しながら合意に達するわけです。そういう意味で「ミスもまたよきかな」というのが、私の実感なのです。

日頃から最終的な責任を取る覚悟をしておく

私は選手とのコミュニケーションが、コーチングの上でもっとも大切なことだと考えています。

私は選手とスムーズな会話をするために、親しみをもてるような言葉を使います。

それによって選手から冗談が返ってくることもある。そんな砕けた会話を見聞きした人は、私を甘く優しいコーチだと思うかもしれません。

しかし、私は、自分ほど厳しいコーチはいないと思っています。たとえば、「ウォーミングアップのメニューは自分で考えて、自分で決めてやるように」「怪我をするのは自分の責任だぞ」などと言うコーチの厳しさは、命じて一斉にやらせるコーチよりもよほど厳しいのではないかと思っています。

その一方で、私には、常に思っていることがあります。それは、「責任は俺が取る」ということ。選手に、自分の責任だぞと言うのは、選手の意識を高めるためです。何かがあったとき、決して「お前の責任なんだから、責任を取れ」などと言ったことはありません。

だから、トレーニングコーチに指示することは、「最大限の知識を与えるように」であり、ほかのコーチに指示することは「一人ひとりに目を配るように。そしてどんな些細な動きでも見逃さないように動きを見ておいて」なのです。最終的な責任を取るためには、一人ひとりの状況をしっかりと把握しておかなければならないからです。

私の責任だと思っているから、怠ける選手には厳しくあたることになります。体調管理不足が原因で肉離れを起こした選手がいたとき、きちんと見ていれば、「今日、ウォーミングアップのとき、スプリントをちゃんとやっていなかったよな。準備ができていなかったじゃないか」と叱責することができます。

まして、練習ではなく、試合の場合にコーチや監督が全責任を負うのは当然です。選手起用も作戦指示も、選手が決めることではありませんから、その決断は躊躇《ちゅうちょ》なく行い、決断の責任は私たちがとります。

たとえ代打に送った選手が打てなかったとしても、打てなかった責任はその選手にあるのではなく、その選手を起用した私たちの決断に責任があるのです。その選手が打てなかったから負けたのではなく、こちらが判断を間違えたために負けたのです。

選手とコーチの関係が悪化するのは、決断や指示をしておいて、それがうまくいかないときに選手の責任にしてしまうからでしょう。

そういう意味では、「この人の指示ならば喜んで従う」という関係を結べるコーチでいたいものです。それがあればこそ、コーチの厳しさも受け入れてもらえます。逆にいえば、厳しさは、信頼関係が結ばれている証でもあるのです。

そのためには、全責任を取る覚悟を日頃からしておくことが必要なのです。

コーチの役割は、あくまで選手をサポートすること

指導者としてのがんばりとは、選手がいい結果を出したり、選手が成長したりする方向に導くことでなければならないと思っています。

目指すベクトルは選手と同じです。

そのためには、指導者のがんばりは、選手ががんばれる、自発的にその気になる方向に向けるためのがんばりでなければなりません。そのために環境を整えるのです。

たとえば、フォアボールは点になりやすいから気をつけなければならないのは当然ですが、出さないように気をつけろと言うだけでは、選手はがんばる気持ちになれません。そこに、ちょっとつけ加えて、「力いっぱいど真ん中に投げても、君の球は力があるから打たれることはない。思い切って投げてこい」と言えば、選手はやる気満々になります。

あるいは、ピッチャーのデータを示して、「速い球に手を出すな、気をつけてい

け。あいつの球は伸びてくるからな」と言われて送り出されても、バッターはどんな球を狙えばいいのかわからなくなって迷ってしまいます。

ここでも、「低めのボールを狙って思い切って振ってこい」とつけ加えれば、やはり選手は「よーし！」という気になる。「高めがきて、見逃し三振になったらどうするんですか」と選手が言ったら、「それはベンチの責任だ」と力強く言ってやればいいのです。

もうひとつ例を挙げれば、データによると、そのピッチャーの投球の割合が、直球が八で変化球が二だったとします。そのとき、細かいデータを選手に伝えても何にもなりません。少ないとはいえ変化球がくる可能性が頭をよぎり、狙い球を絞れなくなるからです。

だから「このケースは絶対まっすぐくるぞ、それに絞っていけ」と言ったほうが狙いやすくなります。変化球がきたら、やはりベンチの責任だということにしておけばいいだけのことです。ウソでもいいから、選手を迷わせないことが肝心なのです。

これらの例からわかるように、コーチの仕事は、選手を大声で叱咤激励したり怒鳴ったりすることではありません。

コーチの仕事は、あくまで選手をサポートすることにあります。そういう意味で、地味で目立たない仕事ともいえます。数々のデータにしても、何時間もかけてつくりますが、それを実際に使うことはめったにありません。

監督が「大丈夫か」と言ったときに、「大丈夫です。今日はこれでやってくださ い」と言い切るための材料にすることが時折あるだけです。しかし、私はその少ないチャンスのために、毎日毎日、コツコツと努力していける人こそがコーチの資格がある人だと考えます。

考える時間が長い職種ほど、メンタル・コーチングが必要

私は時折、サッカーやバスケットボールのコーチをうらやましいと思うことがあります。もちろん、どんなスポーツでもコーチの役割の大きさは同じで、選手との信頼関係がなければ試合には勝てません。

しかし、試合中に限っていえば、選手たちは絶えず動いているわけで、試合中に悩んだり、迷ったりしている時間はありません。聞くところによると、脈拍一四〇以上

になると、あまり緊張感を感じないため、メンタルに左右されることも少ないそうです。そのような場合、メンタル・コーチングの必要性は、試合の前後に生まれてくるのではないでしょうか。

その点、野球は間合いの長いスポーツです。ピッチャーは味方が打っているときは、ベンチに座っていることが多い。バッターは一試合で、打順が回ってくるのは、フル出場したとしても五回前後です。守備にいたっては、試合中一回も球が飛んでこないことさえもあります。

つまり、プレーする以外の時間がめっぽう長いのです。ゴルフも同じで、ゴルフは九九％考える時間で、野球は八〇％と、その次に多いという。

それだけに、野球は精神力に人一倍左右されるスポーツです。メンタル・トレーニングを私に指導してくださった福島大学名誉教授の白石豊先生は、二〇〇一年に引退した大リーグの鉄人、カル・リプケン氏の次のような言葉を引いて、野球選手が集中力をもち続けることの難しさを述べています。

「野球でもっとも難しいのは、高い集中力をもち続けることだ。グラウンドにいる間中、自分の頭から雑念を取り去ることは容易ではない」

ピッチャーは、ベンチに座っているとき、今投げたばかりの球を思い返しているでしょう。「どうしてあのとき、あんなところに投げてしまったんだろう」「変化球ではなく、直球にしておけばよかった」「あのヒットは防げたんじゃないか」「バッターはバントでくると思ったのに」などと悩んでいるかもしれません。

バッターにしてもそれは同じです。ボール球に手を出してしまったこと、バントに失敗したことなど、待っている時間が長いだけにさまざまなことが頭の中を去来するはずです。

すなわち、考える時間が長いほど、メンタル・コーチングの必要性は高くなります。次の回に、「今度こそ」と思わせてバッターボックスに送るかどうかで試合運びは変わってくる。あるいは、「何を投げたらいいのかわからない。交代してくれないかな」と考え込ませたままマウンドに送るかどうかで勝負の行方《ゆくえ》は決まってしまうこともあります。

だからこそ、コーチの責任は重いのです。

小さな「成果」の延長線上に「結果」がある

名監督と言われ、常勝を続けていた監督が他チームへ行ったからといって、そのチームがすぐに優勝することは、どんなスポーツの世界でもそれほど多くはありません。なぜこういうことが起こるのか。その理由は、監督には采配だけではなく、組織をまとめる力、モチベーションの高め方など、いろいろな要素が必要だからです。これは一朝一夕《いっちょういっせき》にできるものではありません。また、優勝という偉業を成し遂げるには、チームとしての底力も大きく関係してきます。

優れた監督のもと、チームとしてまとまり、選手同士が切磋琢磨し合って、それぞれが力をつけている状態がつくられて初めて、チームとしての底力がついたといえるのです。これが優勝するための最大の要素だと思います。これには時間がかかるし、これまでのチームとしての積み重ねも大きい。つまり、それまでの監督やコーチ、そして選手が成果を積み重ねたという歴史があればこそ、優勝という結果を出すことができるのです。

ここでいう成果とは、着実に選手がレベルアップしていること、負けたけどチームの雰囲気はよくなってきていること、選手の自発性などチームの哲学が浸透してきていることなどをいいます。

また、コーチの仕事でいえば、データをしっかり集めて準備ができて、言うべきときにきちんと進言できるようになったこと、選手に適切なアドバイスができるようになっていることなどです。

それは結果としては出てこない部分です。すなわち、成果と結果が同時に出てくるとは限らない。成果の延長線上に結果があるということを、私たちは知らなければならないのです。

選手の育成にしても、成果を積み上げて、遠いゴールに到達させるという意識をもって、長い目で見る必要があります。ゴールは急に近づいてはきません。

もちろん、成果が上がっているからといっても、それが優勝という結果を生まないことはあります。ある種のタイミング、はずみ、チームの勢いなども、結果を左右するからです。しかし、その逆の公式は成立しません。成果が上がっていないのに優勝することはあり得ないのです。

ヤンキースで学んだスカウティングと育成システム

The scouting and training system learned from the New York Yankees

CHAPTER 3

日本一弱いチームから世界一強いチームへのコーチ留学

第2章まで、メンタル・コーチングの考え方を生かしたチームビルディング、コミュニケーションについて語ってきました。

本章では、なぜ私がそのような考えに至ったのか――私が引退後にスカウティングや育成システムを学んだヤンキースへのコーチ留学、そしてメンタル・コーチングとの出合いについて述べます。

私がファイターズの球団職員としてニューヨーク・ヤンキースにコーチ研修留学したのは一九九七年のことでした。

日本のプロ野球では、現役を引退したとしても、球団からの指名があればすぐにコーチになれます。現役時代、私はそのことに非常に疑問を感じていて「自分は必ず指導者になるための勉強をしたい」と考えていました。ファイターズはヤンキースと業務提携をしていて、その中に指導者研修という項目がありました。それを知った私は、ぜひヤンキースで研修させてほしいとお願いしたのです。

ヤンキースは前年の一九九六年にワールドチャンピオンに輝きましたが、世界一になったのは十八年ぶりで、その間、長く低迷していました。それまでのヤンキースは、他球団の選手をお金を積んで獲得する戦略をとっていました。

その反省から球団ではスカウティングと育成を中心にしたチームづくりを進めました。久々の優勝は、デレク・ジーターやアンディ・ペティット、ホルヘ・ポサダ、マリアーノ・リベラといった生え抜きの選手をファームで育成した成果でした。私はフロリダにあるマイナーの施設でスカウティングと育成を、ニューヨークでスカウティングなどフロントの仕事を学びました。

メジャーリーグの新人を対象にしたドラフト会議では、毎年一〇〇〇人もの選手が指名され、指名候補者は何千人にも上ります。ドラフトに際しては、ヤンキースでも独自の基準に基づいて評価した何千人という選手の名前を、巨大なボード一面に点数の高い順に張り出します。そして指名の順番が回ってくると、三年後、五年後に人材が必要となるポジションと考え合わせて、残っている選手をリストの上位から指名していきます。

なぜ選手のランク付けがそこまで明確なのか。それは評価がフォーマット化されているからです。たとえば、ピッチャーの球速であれば時速一五〇キロなら何点、野手の足の速さであれば、打ってから一塁まで何秒なら何点というように、すべて点数化します。

ただ、それらはスピードガンとストップウォッチがあれば誰にでも計測できます。私が感心したのは、チームにとってもっとも重要な「選手の将来性」という項目についても点数化されていたことです。しかも、球速などの項目の点数には上限があるのに対し、将来性は各スカウトの権限で何点をつけてもいいのです。そして、スカウトがつけた評価や情報は手持ちのパソコンを使ってニューヨークに送られて管理されるため、即時かつ長期的に共有できます。

ヤンキースのような仕組みがあれば、選手の将来性に対する評価が目に見える形で残りますし、スカウトに対する評価も明確になるので、スカウトの仕事にも責任感が生まれます。スカウティングのような長期にわたる仕事では、情報の共有化が欠かせないのです。

育成に関しても、ヤンキースには指導マニュアルというものがあり、非常に参考になりました。そこには打撃や守備、投げ方などについて明確に定義されていて、グラウンドでは「しっかり走ること」という項目までありました。NPBでそのようなマニュアルをつくっている球団を私は知りません。

マニュアルには、大胆な発想が生まれにくいとか、こなすことで仕事をした気になってしまうといった弊害もあります。でも、私のように選手から指導者になったばかりの人間は、指導するにあたって試行錯誤するのが常です。その点、マニュアルがあれば、迷いなく指導できます。また、育成方法に関してチームとして統一感をもたせることができます。

何よりもヤンキースという世界一のチームをこの目で見られたことは、指導者として非常に貴重な経験でした。私が選手だった頃のファイターズは、日本一弱いチームだったといっても過言ではないでしょう。みな優勝したいと思ってはいるものの、開幕から数カ月すると早くもあきらめムードが漂い始め、自分のプレーや成績を優先するようになります。

それに対しヤンキースでは、あのピンストライプのユニフォームに袖を通した瞬間から全員が「世界一」という目標に向かって突き進むのだ、という空気にあふれていました。それは監督やコーチ、選手だけでなく、フロントのスタッフやグラウンドを整備する人まで同じです。

ヤンキースに「勝つ」というプラスの伝統があるとしたら、低迷するファイターズにはマイナスの伝統が根づいていました。でも、それであきらめるわけにはいきません。

スカウティングと育成を柱にしてチームを改革する

ヤンキースでの二年間の研修を終えて帰国した私は、一九九九年からファイターズのフロントの一員になりました。その際、日本ハム本社の社長（当時）・大社啓二《おおこそひろじ》さんとお会いして、留学の話をしました。「チームが強くなるためには何が必要なのか」と聞かれて、私は「スカウティングと育成です」と答えました。大社社長は、私の考えを理解してくださり、レポートにして球団に提出するようにおっしゃいました。そして、球団内での議論を経て二軍での改革をスタートさせることになりましたた。

今でこそ、日本にもスカウティングと育成を柱にチームをつくる球団は増えてきましたが、当時はまだそのような考え方自体がなかったのではないでしょうか。スカウティングと育成に力を入れるという方針を明確に打ち出したのは、ファイターズが初めてだったと思います。

もっともファイターズにはそうせざるを得ない事情がありました。当時はドラフト会議に逆指名制度があり、即戦力の社会人や大学生は人気球団に行ってしまいました。成績が長く低迷し、人気もないファイターズは、他球団が指名しない高校生を獲得して育てるしかなかったのです。

ただ見方を変えれば、ファイターズは長く低迷していたために、改革をしやすいチームだったともいえます。これが、毎年ある程度の成績を残せるチームだったら、改革などできなかったでしょう。

当時のわれわれにアドバンテージがあったとしたら、それは改革ができる土壌があったことかもしれません。

フロントスタッフとしてまず私が取り組んだのは、スカウティングシステムの構築でした。そのためにはまずチームのスカウティングの現状を知ろうと、スカウトと一緒に選手の視察にも出かけました。そこで感じたのは、アメリカとの違いです。

先述したようにヤンキースでは各スカウトが、フォーマットに沿って選手の評価を行い、その情報は日頃持ち歩いているパソコンを使ってニューヨークに送って共有します。「球が速い」という漠然とした情報では許されないので、計測するのも真剣です。

しかも、アメリカでは一人のスカウトが片手にストップウォッチ、片手にスピードガンをもって作業するため、かなりのハードワークです。私はそれを見て、本当にプロフェッショナルだなと感じました。

それに対し、日本ではどうか。選手を視察するのに三〜四球団のスカウトが同じ車に乗って出かけるという、考えられないこともありました。選手の評価もスカウトの主観によるところが多く、情報はスカウトの「手帳」の中にしかありません。それを電話で「いい選手です」と伝えたり、同様の感想を会議で発表したりするのが普通です。そのため、そのスカウトがチームから去れば、その選手の将来性をどう評価していたのかがわからなくなるし、球団には何のデータも残りません。つまり、スカウティングに欠かせない情報の共有化がまったくなされていなかったのです。そこで私は、ヤンキースの例を参考に、選手を客観的に評価できるフォーマットをつくり、それをパソコンで管理して、フロント内部で情報を共有できるようにしました。

プレッシャーから
メンタル・コーチングと出合う

日本に戻ってからの一年でスカウティングの改革に取り組んだ私は、翌二〇〇〇年から二軍の総合コーチを命じられました。チームが掲げるもう一つの柱である育成に関わることになったわけです。当時、ファイターズの二軍にはプロ二年目の森本稀哲《ひちょり》やルーキーの田中賢介など、二〇〇六年のチームの日本一に貢献することになるメンバーが多く在籍していました。

このとき、私が強い関心を抱いたのは選手たちのメンタルについてで、それには私の現役時代の経験が関係していました。

実は私は現役時代に、当時のプロ野球選手としては珍しく、自費で専門家によるメンタル面の指導、いわゆるメンタル・トレーニングを受けていました。

メンタル・トレーニングに関心をもったのは、選手時代のあるとき、それまで快《こころよ》かった緊張感に、押しつぶされるような感覚を抱くようになってしまったからです。

アマチュア時代の私は、大きな試合や緊張する場面にめっぽう強かった。緊張に強いというより、まさにこの緊張感が快かったのです。

おそらく、期日が決まっている試合に向けて調整し、その日がピークになるようなトレーニングを重ねていたからだと思います。

だから、緊迫した場面で、「この一瞬のために準備してきた」という心持ちで臨むことができたのです。当然、結果もそれに即していいものが出ていたから、この緊張感は自分にとっていやなものであるどころか、大変な財産でもありました。

ところが、毎日試合があるプロの世界では、アマチュア時代のように、たまにある試合に向けて緊張を絞り込んでいくというわけにはいかなくなってしまった。毎日毎日が緊張の連続です。そのために、私はあせって準備をしていました。

次第に、本番に使うべきエネルギーをなくすぐらい準備に身も心も使い果たしてしまいました。疲れてしまっているから結果は出ない。結果が出ないからさらに練習するという悪循環に陥っていく。とはいえ、練習が準備の唯一の拠りどころだから、練習量はどんどん増えていきます。

怪我もあって、追い詰められたときに出合ったのが、メンタル・トレーニングでした。野球界では、こうした面での研究が遅れていました。オリンピックの世界では常識になっているメンタル・トレーニングも、ほとんどなされていなかったのです。

アマチュア時代は中学・高校・大学といずれもキャプテンを命じられ、リーダーとはどうあるべきかという問題への関心は高く、新しいことを取り入れることにもわりと貪欲なところがありました。

一九八四年の日本ハムファイターズ入団後、足を生かすために左打ちに挑戦したり、プロ野球界では珍しいというよりタブーにすらなっていたウェイト・トレーニングも積極的に取り入れました。その甲斐あって、左右打席本塁打も記録することができるまでになりました。

ただ、入団四年後の一九八八年に足を骨折し、さらに一九九〇年に肩を手術するなどの試練が重なって、再起を期すためメンタル・トレーニングを受けてみる気になったのです。

怪我のあと一～二年はぐんと出場試合が減りましたが、一九九一年には自己最高の打率〇・三一一でパ・リーグ三位を記録することができ、最高出塁率賞に併せてカムバック賞も受賞することができました。

いずれも、メンタル・トレーニングの効果を思い知らされた経験でした。

私を指導してくれたのは、前出の福島大学名誉教授の白石豊先生です。白石先生は、筑波大学の大学院を修了されて以来、四十年以上にわたって数多くのトップアスリートにメンタル・トレーニングの指導を行っています。

先生から受けたメンタル・トレーニングの体験でいやというほど思い知らされたのが、「メンタル」の影響の大きさ、そしてそれをきちんと管理しようとする心理学的な方法の大切さでした。

当時は、仮にメンタルな要素が大きいといっても、単に「気のせい」とか、精神力で乗り切れといった乱暴な考え方で片づけられていました。

選手によっては、何気ないコーチの一言で、それまで積み上げた自信を一瞬にしてなくしてしまうこともあります。そんな指導は選手にとって明らかにマイナスであり、「選手の成功をサポートするのがコーチの本来の役割のはずだ」と私は強く感じていました。そのため、コーチになった私は、選手にいいプレーをしてもらうにはどうすればいいのか、突きつめれば、選手の心をどう動かすか、そのためにはどんな言葉をかければいいのかを考えるようになりました。

ただ、当時の立場はあくまでコーチです。そのため、監督の方針に従いつつ、指導法について問題だと感じる部分については、どう改善すべきかを自分なりに考えました。そして二〇〇一年に二軍監督に就任すると、育成の改革を本格的にスタートさせたのです。

コーチングとは、相手が行きたい場所に連れていくこと

二〇〇一年、日本ハムファイターズの二軍監督になった私が取り組んだのは、育成方法の改革でした。

改革では「メンタル・コーチング」の手法を取り入れました。

コーチングとは、自己実現のために行われる手法で、「その人が行きたいところに

連れていってあげる」といったニュアンスがあることも前に述べました。

指導する相手が、どんな将来像をもっているのか、問題をどのように解決していくのか、そしてどのようなゴールにたどり着こうとしているのか、またそれを達成するための方法は何か。

こうしたことへの回答や解決法は、第三者に指図されるといった形ではなく、全部その人の中にあるという前提で、指導者側は接していくことになります。

しかし、たとえば上司から見た場合、どう考えても答えをもっているようには見えない部下もいるものです。

たしかに、まったくパソコンに触ったことのない人をパソコンの前に座らせ、どうやって操作していくのかと聞いたところで、どうにもなるものではない。この場合はコーチングではなく、ティーチングの実施が大部分になってくるでしょう。

しかし、答えがなければないなりに、パソコンを使ってどうなりたいと思っているのか、何をつくり上げていきたいと考えているのかを察してあげることはできます。

今は使えないとしても、そのためにはどうしたらいいと思っているのかというところからスタートし、本人に気づきを与えていくのがコーチングのやり方です。

最初は、全部指示していくというティーチングのやり方のほうが手っ取り早く思えます。しかし、答えがなければないなりに、それをどう探していったらいいかを本人に考えさせるスタンスを重視するのです。

だから、たとえ上司はその答えがわかっていたとしても、それをそっくりそのまま本人に与えてやるのではなく、一例として示すだけにとどめねばなりません。ここが、ティーチングとの違いでもあります。

示されたその例を、採用するかしないかは本人次第であり、答えはあくまでもその本人の中にしかないのです。

その人が本来もっている能力や可能性を、最大限に発揮するための答えを見つけ出すには、コーチとの対話が必要不可欠です。それにより、まずは実現したいゴールを明確化しなければなりません。

そして、行動を継続して起こしていけるように、定期的にコーチにチェックしてもらいながら、その段階での目標をそのつど繰り返していくことになります。

そのようにしてこそ、本当に本人が「行きたい場所」にたどり着けるようなコーチングが可能になるのです。

がんばり方を変える

育成の対象としたのは、選手というより指導者であるコーチたちです。長年一軍が低迷しているチームを強くするには、二軍の指導法から変えるしかないと考えたのです。

第1章で、コーチの指導方針の標準化について述べましたが、ここではさらに詳しく述べたいと思います。

それまでの長い低迷期の間、指導者や選手たちががんばっていなかったかといえば、そんなことはありません。十分がんばっていたはずです。にもかかわらず低迷が続いているということは、がんばり方が間違っているのだと私は考えました。さらにいえば、チームとして満足な結果を残せないのは、選手ではなく指導者の責任です。

では、指導法のどこが間違っていたのか。それは、それまでの監督やコーチが選手に対し「怒る」「教える」「やらせる」という指導をしていたことです。

選手が犯したミスに対して怒るコーチは「厳しいコーチ」として評価されます。なぜミスをしたのかを教えると「理論的なコーチ」という定評が得られます。そして、ミスをしないように練習をやらせると「仕事熱心で情熱的なコーチ」と、やはり高い評価を受けます。でも、これらは指導者の三悪だと思っていました。

なぜか。ミスをしたとき、誰が一番ショックかといえば、選手本人です。普通の人間であれば反省もするし、打開策を講じようとするでしょう。そんな選手の心情を無視して怒り、わかりきっている原因を教え、「こうしろ」とやらせる。すると、選手は萎縮し、自分の頭で考えなくなります。

コーチたちの目標管理の仕組みをつくる

選手への接し方を変えただけでなく、私は二軍の責任者として、新たな指導の仕組みもつくりました。まず、ヤンキースの例を参考に、技術に関する指導マニュアルをつくりました。これは指導法をチーム内で統一することが目的でした。同時に、各選手の育成計画を立てました。コーチ全員で、選手一人ひとりにミーティングを行い、選手は今どんな状態なのか、今後成長するためにどんな練習が必要なのか、それをどれくらいの期間行うのかといったことを話し合い、レポートを作成しました。そしてスカウティングと同様、そうした情報をコーチ全員で共有しました。

ただ、当時はまだパソコンはプロ野球のコーチには縁遠いものでした。そこで私はコーチたちにこんな話をしました。今のプロ野球は、監督が代わればコーチもクビになる時代だ。でも、本当に有能なコーチなら、監督が代わっても残ってくれと言われるし、クビになっても他のチームが欲しがる。選手を育成できる有能なコーチになるために、まずはパソコンを買いましょう、と。そして私も含めたコーチ全員でお金を出し合ってパソコンを買いました。それからは、ミーティングだけでなくパソコンの勉強会も毎日のように開きました。コーチたちは寝る時間がなかったと思います。

また、コーチとしての役割や責任が非常にあいまいだったため、それを明確にするために成果主義も取り入れました。プロ野球のコーチの場合、指導するにはピッチングやバッティング、内野守備、走塁など技術的な専門知識が必要で、映像などを使って動作を解析できる能力も必要です。それに加え、指導者としては、自分の知識や意見を選手たちに伝えるためのコミュニケーション能力が欠かせません。そのベースは何が専門であっても同じです。

そこで私は、今の自分のコミュニケーション能力はどれぐらいか、その能力を高めるための研修は受けているのか、自分の考えを文書にする能力はどれくらいあるのか、監督に対して躊躇せずに自分の意見を言えているか、といったコーチのための目標管理の仕組みをつくりました。

さらにシーズンオフには、コーチ陣でメンタル・コーチを招いてメンタルの勉強をしたり、コーチングの専門家に来てもらってコーチングについて学んだりしました。

私は三十九歳でファイターズの二軍監督になったので、コーチの中には、私より年上で指導者としてのキャリアの長い人もいました。その人たちは私のやり方に戸惑ったでしょうし、あらゆる点で負担をかけました。でも、一番大事なのは、チームの勝利に貢献できる指導者になることです。そして、それがどんな指導なのかといえば、繰り返しになりますが、選手を怒るのをやめて励まし、教えるのではなく質問をして選手自身に考えさせ、やらせるのをやめてみずから練習に取り組める選手にする指導です。そうやって育成した選手が中心になって、将来ファイターズが日本一になれたとしたら、それは、それまで誰もやったことのない方法であり、大きな価値があるはずです。そんな話をコーチたちにするうちに、われわれ首脳陣はだんだんと志をひとつにしていきました。

当時の二軍の選手たちには、私たち首脳陣の仲がよく、みんな熱くて同じ方向に進んでいるのが不思議だったようで、球団からは「二軍の首脳陣は仲がよすぎる」「馴れ合いだ」と批判されました。でも、実際はまったくそうではなく、私たちは「チームを強くする」という目標に向かって進んでいただけなのです。

ヤンキースでの留学から帰国した私がレポートに書いた「スカウティングと育成を重視すべきだ」という考え方は、チームにとってのビジョンであり、会社でいえば経営戦略そのものだったと思います。ちなみに私が取り組んだスカウティングと育成の改革を何度も取材してくれたのが、当時スポーツキャスターとして活躍し、ファイターズ、そしてWBCで私のボスであった栗山英樹監督です。栗山監督と私は同い年で、野球観も近かったことは前に述べました。

当時、栗山監督は報道番組の取材で私たちが練習している鎌ケ谷球場を頻繁に訪れ、ヤンキース留学時代にもわざわざニューヨークまで取材に来てくれました。つまり、球団外部の人でファイターズが何をやろうとしているのかをもっともよく知っていたのが栗山監督だったといえるでしょう。

私が二軍監督になって二年目の二〇〇二年、チームは五七勝を上げ、首位に一ゲーム差の二位になりました。そして私が一軍ヘッドコーチに転じた二〇〇三年からは二年連続で優勝しました。それは、選手たちが自分で考え、伸び伸びとプレーするようになった成果だと思います。

実は、二軍監督になった二〇〇一年にも、私は球団にレポートを提出しました。それは主に育成計画に関するもので、そのレポートには「ファイターズは二〇〇七年に日本一になる」と書きました。ファームを改革するのに三年、その効果が一軍で現れるのに三年で、計六年かかると考えたからです。でも、実際にはファームが二年、一軍が三年の計五年で済み、二〇〇六年に球団初の日本一になることができたのです。

本当の意味での謙虚さとは本音を言うことである

かつて弱小球団だったファイターズが、二〇〇〇年代に入って毎年のように優勝を争えるチームになった要因を考えるとき、やはりヒルマン元監督の存在を抜きには語れません。二〇〇六年の日本一も、ヒルマン氏の手腕によるところが大きいですし、ファイターズに脈々と受け継がれている「練習は強制されてやるものではなく、各選手が自ら考え、自ら行う」という方針は、ヒルマン氏がトップとして強く推し進めた結果、定着したものです。トレードなどで他のチームからやって来た選手は、最初はたいてい驚きます。練習時間は短いし、怒声や罵声はないし、みんな伸び伸びと練習しているからです。

私が二軍監督として育成の改革に取り組んでいた二〇〇二年の秋、一軍はパ・リーグ五位に終わり、新監督を探していました。当時、球団は、二軍で取り組んでいる改革を一軍でも推し進めようとしていて、それを実行するには外国人でなければ難しいのではないかという意見が出され、候補に挙がったのがヒルマン氏でした。

私がヤンキースにコーチ留学していた当時、マイナーチームの監督だったのがヒルマン氏で、メジャーの選手たちからも一目置かれる特別な指導者でした。また、他人への思いやりや優しさも人一倍で、まだろくに英語もしゃべれなかった私を自宅に招き、食事をご馳走してくれました。私が他のコーチとコミュニケーションをとれるようになったのも、ヒルマン氏がなにかと私のことを気にかけてくれたからです。

ヒルマン氏はファイターズの監督就任を受諾するにあたって、私に「一軍のヘッドコーチとしてサポートしてほしい」と依頼してきました。ようやく二軍が軌道に乗りかけていたので、私は迷いましたが、最後はその申し出を受けることにしました。ただ、私はいずれファームで指導した選手とともに一軍で戦いたいと考えていた人間です。ヘッドコーチとしての役割を全うするには、ヒルマン監督の右腕になりきる覚悟が必要でした。そのため、ヒルマン氏が監督を辞めるときには自分もチームを去ることを条件にヘッドコーチを引き受けました。

意識も変える必要がありました。二軍監督が育成のリーダーであるのに対し、一軍のヘッドコーチというのは、監督とコーチ、コーチと選手の間に入る完全な中間管理職で、正直に言って私には苦手な仕事でした。自分の考えを前面に出せないポジションですから、やりづらさもあります。けれど、受けると決めた以上は、監督に忠誠を尽くさなければなりません。その忠誠とは、忌憚のない意見を具申し続けることです。そして監督の決めたことは、たとえ自分の考えと違ったとしても一〇〇％遂行する。そうしたことを自分の中でルールとして決めました。そうでないと、一軍のヘッドコーチという難しい仕事は務まりません。

ヒルマン監督はアメリカ人ですが、日本人よりも日本人らしい人で、ファイターズに来て初めてのミーティングのときに、日本語で「和と本音」と題してこんな話をしました。

「日本の人々は謙虚であることが美徳だと思っているようだが、本当の意味での謙虚さとは『本音』を言うことである」

「人それぞれに考え方はあるかもしれないが、チームとして決定したことに全員が同じようにエネルギーを注がないと『和』は生まれない」

また、ヒルマン監督はわれわれコーチに対する信頼が厚い人で、選手にもコーチにも常に働きやすい環境をつくってくれました。

ヒルマン監督は「監督の仕事は、選手たちに快適に野球をしてもらうことだ」と言い、就任後初めての仕事としてキャンプ地のロッカー、ブルペンの掃除をしていたことを思い出します。

そして、ヒルマン監督は、とにかく選手を褒めます。そこまで褒めなくてもいいというぐらい、とにかく褒めるのです。そして、アメリカ人の監督に褒められると、褒められ慣れていない選手もうれしくなってきます。

ベテラン選手が失敗したときであっても「ナイス・トライ。やろうとしている姿が出ていたぞ」と、限りなくいいところを見つけて褒めます。これで喜ばない選手など、どこにもいないでしょう。

しかし、これまでの指示・命令・恫喝という指導方針とは一八〇度逆のこうしたやり方に、最初は戸惑う選手も多くいました。とくに、ヒルマン監督に言われる分には素直に喜べても、これまでの指導者側の人間に言われたのでは、ある意味で説得力に欠けているため、逆に不信感をもたれたりもしました。

しかし、これも二年目になるとまったく変わってきました。チーム全体が活性化されたのです。とくに二〇〇四年九月二十日、プレーオフをかけ、一試合も負けられない試合が続いた中での試合で如実に表れました。

三回表、ホークスの攻撃が終わった時点で、八対二と私たちは大きく引き離されていました。プロ野球で六点差は致命的です。どれほど監督が激励の言葉をかけ、選手がそれにうなずいてみせたところで、その実、心の中では「ムリムリ、六点も開いてるんだから」と、普通であれば弱気になってしまうものです。

しかし、ファイターズは違っていました。監督やコーチが言わずにいても、すでに選手一人ひとりが「逆転するぞ。こんなにたくさん応援してもらってるんだから、絶対あきらめるなよ」と、本気でそう思ってプレーをしたのです。

そして、本当に逆転したのです。もしこれが、指示・命令・恫喝型の義務感でやっているチームだったとしたら、逆転につぐ逆転劇の末、勝つなどというプレーはできなかったに違いありません。

ヒルマン氏はMLBや韓国での監督やコーチを経て、二〇二三年に十六年ぶりにファイターズのコンサルタントに就任しています。

選手への質問が能力と自主性を高める

Questioning players increases their ability and autonomy

CHAPTER 4

「怒る」「教える」「やらせる」の三悪

本章では、私が指導者になってから実践してきた選手へのメンタル・コーチングの具体的方法について紹介したいと思います。

「お前の昨日のミスはベテランらしくない」などと、しかも試合直前に言われた場合には、選手にとってこれほど悲劇的なことはありません。

ですが、このような指導法は、わが国においては伝統のようなもので、スポーツ界はもとより、いろいろな場面で幅をきかせてきたといえます。

実は、現役時代の私は、こうした指導法に対して常に疑問を感じていました。

そして指導者になって勉強するにつれ、私が現役時代のファイターズの低迷原因は、やはり誤った指導法にあったと確信をもつに至りました。

その誤りとは、

一、結果に対して「怒る」

二、原因に対して「教える」

三、上達のために猛練習を「やらせる」

という三つを指し、これは弱いチームに共通して見られる指導法です。

まず、一つ目の「怒る」ことについて考えてみます。

試合中にエラーをした選手がいたとします。難なく補れるはずのゴロが飛んできて、それを補り損ねた。バッターは、しめたとばかりに一塁に飛び込んでセーフ。投げたピッチャーは、そのエラーがなければチェンジになって休めるはずでしたから、ショックを受けるでしょう。「さあ、次の回で挽回だ」と立ち上がりかけていた監督もコーチも、とんだ番狂わせにがっくりきてしまう。

しかし、一番ショックを受けているのはピッチャーでも監督でもコーチでもありません。エラーをした選手自身です。こんな大事なところでミスをしてしまってどうしようと思っているはずです。

ミスはどんな仕事にもつきもので、会社でもどうでもいい書類ではなく、大事な契約書に限って紛失することがよくあるといわれます。大事にしなければ……と思うあまり、いつもとは違うところにしまいこんでしまったりすることから起こるらしいのです。

ミスをしたとき、誰でも反省し、なんとか打開策を講じようとします。しかし、ミスをした本人のショックに思いを致すことなく、恫喝で迎えるコーチがあまりにも多いというのが現状です。


二軍監督になって、私がまず試みたことは、選手のプレーの結果に対して「怒らない」こと。コーチたちにもこれを守ってもらうことにしました。

長い間怒ることに慣れていたコーチは、最初戸惑ったと思います。選手がエラーをして帰ってくると、口では「ドンマイ、ドンマイ」と言いながら、顔は完全に怒っていましたから。一回や二回のエラーならなんとかやっていても、度重なれば「ドンマイ」という心境になるのはたしかに難しい。

選手の中にもいろいろな選手がいて、いくら言っても練習をしない選手、プレーで萎縮してしまう選手、準備不足の選手とさまざま。何回言ってもできないこれらの選手に、思わず「馬鹿やろう」と怒鳴りたくなる気持ちもわからなくもないのですが……。

そのうち、コーチから、怒らないのはストレスのもとだという声が出てきました。エラーした選手を怒らないことに耐えられなくなったようです。彼らは一斉に「そろそろ怒りましょうよ」と言ってきました。

しかし、私は、怒っている自分の姿を想像してみてほしいと言いました。ある程度の年齢になって、青筋立てて怒ることが体にいいとは思えません。怒れば血圧は上がり、ホルモンバランスは崩れ、自律神経の働きもおかしくなります。しかも、それでストレスが発散されたかといえばそんなことはない。

親が子どもをひどく叱ったあと自己嫌悪に陥ることがありますが、それと同じで、人は感情的に怒りすぎると必ずあとで不快感にさいなまれるものです。

ちょっと言いすぎたかなとか、人間関係が壊れてしまったかなとか考えて、修復することの労力を考えて憂鬱にもなります。

松下電器産業（現パナソニック）の創業者・松下幸之助さんは、部下を叱ったあと、部下の家に電話をして奥さんに事情を話し、「きっと落ち込んでいるから、明るく出迎えてやってください」と言ったそうです。このように、怒るとフォローをしなければならなくなります。

ですから、怒ることがストレス解消になるかといえば決してそんなことはないのです。むしろ、怒るほうがストレスのもとになるのではないでしょうか。

結局、怒っている最中には肉体的なストレスがたまり、あとで冷静になってからは精神的なストレスがたまる。怒ることにいいことなど少しもないのです。怒ることが当たり前になっていたから、怒らないことに最初は違和感があっただけなのです。

それに、コーチのストレス発散のために怒られたのでは選手はたまりません。ますますやる気を失ってしまいます。

でも、この違和感を乗り越えて、コーチが怒ることを我慢していれば、選手は何かを感じて変わるはずです。萎縮せずに伸び伸びと一生懸命プレーするようになります。そうすればエラーの回数も減り、コーチは青筋立てながら「ドンマイ」と心にもないことを言わずにすみます。

選手はミスの原因を自分で考え、自ら改善しようとすることでエラーが減り、選手と指導者との信頼関係も強固になっていきます。

「教える」にもシチュエーションがある

次に、二つ目の「教える」についてです。

ようやくチェンジになってベンチに帰ってきた選手に、指示・命令・恫喝型の監督やコーチは、叱責で出迎え、その場でティーチングを試みます。

「馬鹿やろう、大事なところでエラーしちゃったじゃないか」と叱責し、「一歩目のスタートが遅れたじゃないか。バウンドが合っていないのに、グローブが上から下へいっていたぞ。わかってるのか」と教えるわけです。

選手は「はい」としか答えようがありません。しかし、必死でボールを補ろうとしているときに、グローブがどちらにいっていたかなど覚えている選手はいないでしょう。こうなっていた、ああなっていたと言われても、頭に入ってきません。

だから、次の回にそうならないように気をつけることもできない。こういうときの教えは何の役にも立たないのです。

そして、怒られたことですっかり萎縮した選手に、「今度エラーしたら承知しないぞ」と追い討ちの脅しをかけて、十分動揺させてからグラウンドに送り出します。

まるでエラーさせることが目的なのかと思いたくなるくらいです。

「気合を入れろ」とハッパをかけられて、「さあ、こい！」と、言葉だけは勇ましいが内心ではどうか。「飛んでくるな。ボールよ、こっちにくるな」と念じているのではないでしょうか。ミスして怒られて、脅しをかけられて送り出されるのだから、いいプレーなどできるわけがありません。

飛んでくるな、飛んでくるなと念じているところにさぁボールがきた。スタートは完全に遅れてしまう。後ろに体重がかかっている。バウンドが合わなくなる。手も足も出ない状態でまたエラー。

自分のチームのベンチに帰るよりも相手のベンチに行きたくなるような心境でベンチに帰ると、前よりも激しい叱責が待っています。「今度エラーしたら承知しないと言ったのに」というわけです。

緊張と怖さですっかり萎縮してしまった選手は、打つにも打てない。「二回もエラーしたあげく、今度は三振か」と、コーチの怒りは頂点に達してしまいました。

外的コントロールでは、選手は変わらない

最後に三つ目の「やらせる」ことについて考えてみましょう。

試合のあと、たとえば「今日のお前は最低だったな。二つもエラーしやがって、その上に三振！　何やってんだ。みんなに迷惑かけて……」といった具合に叱責の言葉が際限もなく続いたとします。

言われたほうはどんな気持ちがするかを考えてみてください。

しかも、そこで「二つもエラーしたんだから、これからノックだ。一時間ノックだぞ」などと言われたとしましょう。

選手の頭に去来するのは、おそらく屈辱感とあきらめの心境でしょう。

そして、始める前にまずやることはみんな同じ。時計を見上げるのです。野球場にはたいてい、センターのバックスクリーンに時計があります。

ノックを命じられた選手はグローブをはめた手を下から上に持ち上げる前に時計を見て、ノック終わりの時間を確認するわけです。

このときの選手は、エラーをしないようにしたいという、本来あるはずの練習目的はどこかに飛んでいってしまっています。目的は一時間終えることだけ。ノックというのは、野球の練習ではもっとも厳しいトレーニングです。最初の十分ぐらいは反省とともにがんばっても、次第に疲れてきます。

そうすると、ノックを何回こなすかよりも、時間の経過を待つことが先決になってくる。ではどうするか。選手は補れそうもない球に対してダイビングキャッチをする。はたから見るとやる気のあるプレーに見えるかもしれない。しかし本音はダイビングキャッチをしてあえて転び、起き上がるときに一息入れたいから。そしてチラッと時計を見る。「ハー、まだ三十分もか」というわけです。

残りの三十分は時間との戦いです。終わることしか考えずにやるトレーニングで、技術が向上するはずがありません。叱責で始まったトレーニングでは、苦しくなったらがんばれないのです。

メンタル・コーチングでは、批判すること、責めること、文句を言うこと、ガミガミ叱ること、脅すこと、罰することなどを外的コントロールといいます。

そして、外的コントロールで相手を変えられるという思い込みが、間違いのもとであるとしています。たしかに、スポーツ界に限らず、会社でも家庭でも、外的コントロールが横行しているようです。

しかし、人ががんばれるのは、自分で自分をコントロールしたとき、つまり本当にやる気を出してやろうとしたときだけなのです。やらされたトレーニングでうまくなるのは、起き上がるときの一息の入れ方と時計の見方だけでしょう。

監督やコーチの目を盗んで、気づかれないように息を抜くことや時計を見ることがうまくなっても、エラーがなくならないのは明白です。

しかも、こうした形で選手のミスを叱責したコーチは、ノックが終わってからさらに追い討ちをかけます。

「今日一時間もノックしたんだから、明日は少しはうまくなってるんだろうな。絶対にエラーしないよな。明日は気合入れてこい」

そう言われた選手は心の中でつぶやくに違いありません。

「くたくたで明日は力が出ないよ」

そして、明日の試合で同じようなミスをしたらどうしよう、ということばかり考えるようになります。「明日ミスしたら、今度は二時間ノックを命じられるかもしれない」などと考えたら、試合に出る気はなくなって当然です。

そんな気持ちで帰った選手は、エネルギーを取り戻すことができない。おそらく翌日はその日以上のミスを連発するのではないでしょうか。

選手は、怒られれば怒られるほど、教えられれば教えられるほど、頭に入らない。やらせればやらせるほどサボろうとする。それは一般の人間心理です。

「ティーチング」と「コーチング」で伝える

これまでのスポーツ界における「怒る」「教える」「やらせる」という指導法は、選手がミスした結果に対して怒り、ミスした原因について教え、そして強制的にやらせるというものですが、これが選手のやる気を削ぐ三要素といえるのではないでしょうか。

本来なら、選手が自らやる気になるようにもっていくのがコーチの役割です。そのように考えると、「怒る」「教える」「やらせる」の三要素を排除するだけでも、選手は伸びます。

これらの三つはティーチングにあたり、指導者がもっている技術を選手に教える行為です。

もちろん、すべてのティーチングが悪いといっているわけではありません。

野球の初心者や、投げ方・打ち方などの基本ができていない選手には、ティーチしたほうがいい。

フォームを修正していく場合には、ティーチングとコーチングの両方を使ったほうがいい。たとえば「僕はこうやったほうがもっとよくなると思うんだけど。ちょっと、やってみようか」と言って選手にやってもらって、いい当たりをしたら「ほら、よかっただろ」となる。これはティーチングだけです。

そうではなくて、大事なのは選手の感覚を知ることなので、選手に自分が教えたやり方をやってもらって、どう感じたかを聞きます。つまり最初はティーチして、そのうちに選手の感想や意見を聞きながら、双方向でやりとりして、最終的には選手が主導権を握っていくという、ティーチングとコーチングの両方を使ったやり方をするのがベストです。

ただし、ある程度基本がわかっている選手にずっとティーチングをしていると、指示に従うだけの依存型の人間をつくることになってしまいます。これがティーチングの弊害です。

ではティーチングがダメなら、どう指導していくのか。われわれがたどり着いたのが、メンタル面にアプローチしていくコーチング法（＝メンタル・コーチング）でした。

コーチングとは、ティーチングが相手をヘルプすることなのに対して、相手をサポートすることをいいます。この場合のサポートとは、基礎力が十分備わっている人や、もっている力を十分発揮できていない人、自らのもっている能力に気づいていない人などの能力を引き出す支援をすることです。

コーチングの考え方では、「答えは相手の中にある」ため、相手が自分で考えて自分で答えを出していくので自分のものになりやすく、自ら考え行動する自走型の人間に育っていきます。

自走型の人間を育てていくには、相手に質問することが大切です。

「この間は、何を伝えたか覚えてる？」などのように。相手が「覚えていますが、まだできていません」と言ったら、「どうやったらできると思う？」とさらに質問して自分で考えてもらいます。

相手からのフィードバックは、コーチングの絶対条件

選手に技術的な指導をする場合、ティーチングの要素が入る部分も多いのですが、コーチングの要素も多分にあります。一方的に教えるだけでは、本当の技術指導はできません。

「わかったか？」「はい」の繰り返しでは、結局、選手がこちらの言うことをどう捉え、どう考えたのかがわかりません。また、こちらの言う通りに体を動かしてみて、選手がどう感じたのかを知ることも必要です。

私の体は選手の体とは違う。だから、「こうやって打ったほうがいいんじゃないか」と教えても、選手の体の感じは聞かない限りわかりません。

自分がこうだから選手もこうだろうと考え、選手が違和感をもっている可能性を無視してはならないのです。そのまま次の指導に入っていくと、どうしても指導の方向

がずれてしまいます。

　だから、ひとつ教えるたびにそれがどうだったかということを必ず聞いて、次の用意をすることを繰り返すという、このやりとりが必要です。そして、選手のレベルは次第に上がり、実戦が近づいたときは、ほとんど教えることがなくなっているという状態が望ましいといえます。

　選手の動きがあまりにも間違っていると思ったときは、質問をするのも、一種のフィードバックになります。「今、何をやろうとしているの？」と質問すると、選手は説明しはじめますが、うまくいかない状況では自分で何をやろうとしているのかがわからなくなっていることが多い。

　頭の中が整理できていない状況です。しかし、選手は「どう？」と聞かれてしゃべり始め、しゃべりながら頭の整理ができていきます。こちらがやることは、その整理をうなずきながら聞くことだけです。

「うんうん」「あそうそう、そういうときってあるよね」「そーだよねえ」などと相槌《あいづち》を打っていれば、選手の頭はどんどん整理され、やるべきことが見えてきます。質問するだけで答えを出してやらなくても、選手は自分で答えを見つけていくのです。

そういう意味で、質問をすることは、コーチの重要な仕事のひとつです。

私は二軍監督時代、選手に「監督がきたら、僕の調子が悪いということですね」と言われたことがあります。理由を聞いたら、「調子が悪くなると結構近づいてくるじゃないですか」と言う。そんな冗談が言える場合ならば、私が言うことを聞く準備がいつでもできていることになります。

しかし、そういうときでも、私が言うことは決まっていて、普遍的なことに限られます。普遍とは、その選手に一番合っていることや、その選手のもっている一番いいもののことです。それは変わらないものですから、たとえば三日前に教えたことと違っていることはありません。試行錯誤してその部分を忘れている選手に、それを伝えてやるのです。

そうすれば、選手はそのベースのところに立ち返って、質問にも、それに沿った答えを出してくれます。もちろん基本のベースがなければそこから発展することができないので、その段階の指導が非常に重要であることは言うまでもありません。

選手のやる気を引き出すのがコーチの役割

好きでスポーツを始め、常人以上の才能や体力があってプロの世界に入ったとしても、体を動かすことを楽しめる範囲を超えた運動はやはり苦痛です。体力的に苦しくなればサボりたくもなります。

ところが、体を動かすことを仕事だと思っている熱血コーチは、がんばれなくなった選手にもっと厳しいトレーニングを課します。

「もっとがんばれ、一生懸命やれ、気合を入れろ」と叱咤激励する。一〇〇メートル走を一〇回と思ったときでも、選手のサボりを想定してノルマを一五回課す。

コーチは、そうでもしないと一〇回相当の効果は出ないと思うのでしょう。しかし、一〇回でもきついのに、一五回と言われれば、選手はさらにサボりたくなる。厳しいトレーニングを課せられれば、サボりたい気持ちはそれだけ増幅します。

こうして、指導者ががんばればがんばるほど、選手はがんばらなくなる。多くの練習をさせて、がんばれなくなった選手を怒り、ノルマを課し、ペナルティを与える。

そうすると選手はもっとやる気を失って、もっとサボるようになる。

この繰り返しとなる。まさに悪循環です。

それならば、どうすれば選手のサボりたい気持ちを制することができるのでしょうか。それは選手の心を動かすのです。体を動かすことでうまくいかないのだから、心を動かす働きかけをするのです。

人は強制的にやらされると、やる気をなくす生き物です。たとえば、みなさんも経験があるかもしれませんが、勉強をやろうと思っていた矢先に、母親から「勉強しなさい」と言われると、途端にやる気がなくなる。「やらされている」と考えてしまうと、どうしてもやる気はなくなります。

だとしたら、どういうときに人はやる気が出るのでしょうか。答えは簡単です。

自分からやりたいと思ったときです。

選手自らが「うまくなりたい」という目的意識をもってトレーニングをする決意をすれば、厳しいトレーニングに耐えることができる。サボりたい気持ちも抑えることができます。そのとき、命じられて拒否したくなった一〇〇メートル走一〇回も苦ではなくなり、さらに一一回、一二回と走ろうという気持ちになります。選手の心が動けば、選手の体は勝手に動くのです。

それならば、コーチがやるべきことはおのずから見えてきます。選手が自分からやりたいという気持ち（＝やる気）を引き出すような指導をすることです。

やる気を引き出すために必要なのは「目的」や「目標」です。目的は最終的に「どんな人生を送りたいか」なので、目的がない人はいません。目的がないと思っている人は、見ていないか、見えていないだけです。そういう人は「自分がどんな人間になりたいのか。どんな人生を送りたいのか」と自問してください。

目的が見えてきたら、目的を達成するための目標を定めます。「目的を叶えるためには、今何をすべきか」ということです。多くのアスリートは、好きでそのスポーツを始めているため、目的はわかっているけど目標を見出せなくなっている状態の人も多いです。そんな相手に無理に目標を設定させても、熱心に練習に取り組むようになるかはわかりません。

そこで私がやるのは、「白井さんは毎日が楽しくて仕方ないんだな」とワクワク感を喚起するような行動をとることです。「元気を出せ」と励ますよりも、元気で楽しそうだと思ってもらうほうが、相手も前向きになれるからです。それができたら、次は一緒に身近な目標を立てて、それが達成できたら、少しずつ目標のレベルを上げていきます。

そうすることで、相手は「やらされる」のではなく、「やりたいから、やる」というやる気のある人になれるのです。

怒るときだけの話しかけでは、本音を引き出せない

以前、札幌市が主催した「若い職員を育てるコーチング」というテーマの講演会に招かれたことがあります。そのとき、前出したビジネス・コーチの石川尚子さんと対談させていただきました。石川さんは、コミュニケーションの大切さを述べておられましたが、同時にその難しさを次のように語っていました。

「組織の中で、上司が部下とコミュニケーションをとろうとするときがどういうときかというと、何かものを申さねばならないというときです。ここがまずいから注意しなくては……というときなのです。

ですから、『ちょっといいかな』と、上司が部下を呼んだ瞬間に、部下は緊張して

います。『ちょっといいかな、何々の件だけど』と言いかけたとたんに、『今、お客様の返事待ちですから』と言い訳を始めます。

上司としては状況を聞きたいだけなのに、部下が言い訳を始めて、ひどい例になると、あの件と言いかけた瞬間に『やっていないのは僕だけではないでしょ。彼だって、やってないでしょう』というようなことを言い訳するらしいのです。

つまり、上司が話しかけるときはイコール叱られるときという図式が、組織の中にできてしまっているわけです」

この発言は、成果を出すための組織のあり方についての私見を申し上げたことに対する言葉でした。

こうした組織のあり方は、変えねばならないことは明らかでしょう。上司が話しかけるだけで萎縮してしまうようでは、成果はまったく期待できないからです。

私がチームで心がけていることはまさにこのことであって、選手の萎縮を取り除いたり、コーチと選手の距離を縮めたりすることは、コーチのもっとも大事な仕事のひとつだと考えています。そのために何よりも大切なのは、雰囲気づくりです。

上に立つ人間は、部下を評してよく「あいつは何も意見を言わないからな。典型的な指示待ち人間だよ」などと安易な判断を下します。しかし、意見がないのではなく、意見を言いづらい雰囲気をつくってしまっているのではないか、と考える必要があります。

何か問題が起こったとき、コーチの側に問題点がなかったか、私は他のコーチたちと常にそういう話をするようにしていました。話をしないのは自分たちコーチにそういう雰囲気があるからであって、そのことに気づきましょうというスタンスが必要なのです。

ちょっとだけ相手の立場に立って、自分が彼だったら、どんな声掛けをしてもらったらやる気になれるかを考えなければなりません。少しの想像力があれば、できないはずはありません。

選手時代に「こうしてくれれば、こういう話し方をしてくれれば、もっとがんばれるのに」と思った体験を、そのまま相手に返してやればいいのです。

たしかに、選手時代にはあれこれ思っていてもコーチになるとそれを忘れてしまうことはあります。忘れていなくても、早く結果がほしいとか、統制が取れている状態になっているのを見るのは気分がいいという気持ちに負けてしまう。だから、急いでしまって、選手の気持ちをじっくり考える余裕をなくしてしまうわけです。

結果として、怒ったり注意したりするときだけ話しかけることになって、石川さんの言うような状況を生み出すことになってしまう。

やはり大事なのは、雰囲気づくりです。私は選手たちに手紙もよく書きましたが、それも彼らが話しやすい雰囲気をつくるためのきっかけになればと思うからです。

こうしたやり方は時間がかかるかもしれません。しかし、雰囲気をしっかりつくっておけば、結果としてより早く成果が出ます。「急がば回れ」という言葉がありますが、文字通り、回り道のほうが早く目的にたどり着けるものなのです。

自信の裏づけを積み上げていくことが本当の自信になる

メンタル・トレーナーの白石先生が書かれた『心を鍛える言葉』（NHK出版）という本があります。そこにも多くの事例が紹介されていますが、言葉はものすごいパワーをもっているものです。言葉ひとつが、相手を勇気づけることになったり、逆に相手を深く傷つける暴力になったりします。

そこがコーチの仕事の難しさであって、たとえば選手が落ち込んでいるときに、その気持ちを察してやらなければと思うあまり、こちらまで暗い、しんみりした口調で話してしまい、もっと相手を落ち込ませてしまうこともあります。

したがって、これは指導者のテクニックとしてぜひ習得しなければいけない分野です。とくに日本人の場合、事にあたる前に予防線を張りたがる選手が多い。「元気か？」と聞いて「最高に元気ですよ」と答える選手はほとんどいません。

これは、選手に限らず日本人一般に見られる傾向です。

ゴルフのスタート前など、よく「寝不足でね」とか「昨夜飲みすぎちゃって」とかと言っては、失敗したときの言い訳をあらかじめ用意しておく人がいます。もし、相手を油断させるという意図が働いたとしても、こうした言葉を発すれば、ネガティブになっていくのは自分のほうです。

こうした予防線がプラスに働くことはまずありません。いつもベストな状態で本番に臨めるよう、やれることはやってきている、という自信をもってグラウンドに出かけていくのでなければ、勝てる試合も勝てません。

しかし、選手に自信をもたせることは容易ではなく、言葉だけで「自信をもて」と言ってても自信をもてるようにはなりません。やはり、自信をもてるような裏づけが必要になってきます。

そのために、コーチが知っておかなければならないある原則があります。それは、成功体験が自信につながるという錯覚をもたないこと。自信と結果の相関関係を「成功体験＝自信」と考えてはいけないのです。

つまり、自信というのは、結果が出たからもてるものではなく、結果を出すために、試合に臨む前にもっておくべきものなのです。成功体験がなければ自信をもてない、したがって成功もできないというのなら、過去に成功体験のある人しか成功できないことになってしまいます。

つまり、「成功体験＝自信」ではなく「自信＝成功」なのです。自信をもてるまで準備して成功すれば、これでよかったのだとノウハウも身につき、さらなる自信につながります。

しかし、成功体験が自信を生むという錯覚は、意外に根強くて、自信がないままヒットが偶然出たときなど、「あのヒットで自信がついた」と言う人がいます。しかし、次に失敗したとき、そうした薄っぺらな自信など吹っ飛んでしまうでしょう。

たいていは、自信がないまま成功したとしても、選手はその成功を、ツイていた、ラッキーな結果、偶然の成功としか思わないから、次につながらないのです。

こうした話をすると、自信をもってやった結果なのに失敗したら、自信をなくしてしまうのではないかという反論が出るかもしれません。それも、まったくの勘違いだと私は思います。

なぜならば、自信という裏づけがあれば、うまくいかなかったときは、その理由を考え、次の工夫をするからです。その工夫が次の自信を生み、したがって成功の確率はどんどん上がっていきます。

つまり、「あれとこれをこんなふうに準備して、絶対大丈夫と自信をもっていたのに、そのどこに盲点があったのだろう」「このミスから学んだことで、次に生かせることって何だろう？」「それにはどんな工夫が必要かな？」と、具体的かつ冷静に思考を発展させていくことができるのです。

自信という裏づけを積み上げていくことが、本当の自信につながります。やる前に自信をもっている人は、成功しようと失敗しようと、次も自信をもっていきたいと思っています。

それに、自信をもって失敗したとしても損をするわけではありません。逆に自信がなくて失敗してどんな得があるでしょうか。自信をもって失敗するほうが、次の成功につながる可能性は高くなります。

キャンプイン前にはいつも怖くなると語った世界最多本塁打記録保持者の王貞治さんは、恐怖を克服するために練習をするのだと語っています。それは、恐怖に目を奪われる前に、練習に打ち込むことで、「事にあたる前の自信」をつけるためであるに違いありません。

白石先生は、最高のプロゴルファーといわれたジャック・ニクラウスの言葉を引用して、自信に関する公式を述べています。

それによると、ニクラウスはピンチに陥ったとき、「おいジャック、君はこれまでだって何度もピンチを切り抜けてきたじゃないか。だから今度も大丈夫、きっとうまくいくよ」と自分に言い聞かせたそうです。

ピンチに目を奪われるより、自分はそんなことにへこたれるようなヤワなゴルファーではないと自分に言い聞かせています。

このように自信の公式というのは、まさに「自分を信じられること」なのです。王さんもニクラウスも、脇目も振らずに、ひたすら自分を信じて事にあたる。それが、誰もが認める世界的な成功へと二人を導いたのです。

「メンタル・コーチング」を行うための心がけ

A mindset for mental coaching

CHAPTER 5

四つの全力があるかどうかで判断する

さて、コーチを集めて「ミスを怒らないでほしい」と要望した私ですが、それはどんな場合でも怒ってはいけないという意味ではありません。怒るときと怒らないときの線引きをしているのです。

私の線引きは極めて簡単です。プレーにおける線を、「ミスしたかどうか」に引くのではなく、「全力でやろうとしたかどうか」に引くのです。全力でプレーしたかどうかという線引きをするのだから、ミスをしても怒らない場合もあり、逆に成功しても厳しく事実を指摘することがあります。

全力を出さずにできた成功など何の役にも立ちません。たとえばヒットを打ったとき、選手は全力で塁をめがけて走って当然なのに、そこに油断が生まれて全力を出していない場合があります。

そういうとき、私は厳しく事実を指摘します。許される行為ではないからです。

逆に、高い内野フライを打ってしまう場合があります。相手の野手が捕ってしまえばバッターは即アウトという場面です。しかしそのとき、打ったバッターが全力で走っていったならば、私は選手の凡打を叱責することはありません。

野手がフライを捕り損ねることだってあります。そうすれば、全力で走った選手は、一塁から二塁まで行けるではないか。その可能性に懸けた選手のやる気を、私は認めてあげたいと思います。

そういう意味で、ヒットを打つというバッティングの成功よりも、凡打でも全力で走ることのほうが貴い。

それ以前に、全力といえば「準備の全力」というものがまずあります。試合に臨むにあたり、万全の状況で臨んでいるかどうかです。たとえば前日深酒するなど論外ですし、完璧なウォーミングアップをして初めて準備の全力を尽くしたといえます。

次に「頭の全力」、状況判断力の全力を求めます。この場面がきたらどのように対処すべきか、ということです。試合中にそのようなことを考えている時間などない。球が飛んできた瞬間に判断しなければならない。それは日々の練習で養うべきことです。漫然と練習するのではなく、常に意識しながら練習して身につく力です。

さらに「失敗したらどうしよう」と思いながら試合に臨む選手も、私は「全力を出していない」と見なします。これからプレーしようというときに、結果が出てもいないのに、「負けたらいやだな、負けたらまた練習だもんな。三振したらどうしよう」などと思っていたのでは、全力など出せるはずがないのです。

それに比べ、「よし！　絶対打ってやるぞ」と思っている選手では大きな違いがあります。こちらは、力を一〇〇％出すぞという意気込みがあるのに対して、あちらは全力の構えでいこうとはしていない。これは「心の全力」です。

つまり、全力には「準備の全力」「頭の全力」「心の全力」そして「体の全力」と、四つの全力があります。すべての全力を出して初めて「全力を出した」といえるのです。

そのひとつでも欠けていたときの私の対応は厳しい。あるときは、ファーストまでの全力走を延々と行います。セカンドにスライディングしなかったためにアウトになった選手には、ユニホームが破れて穴があくまでスライディングをやってもらったこともあります。

意識すればできることをやらないとき、私はそれを許しません。

私がこのように線引きを重視するのは、そうしないと組織全体が動かなくなると思うからです。線引きをしないまま、一生懸命にやった挙句のミスまで怒っては、選手の不満が出ます。きちんと線引きをして、そこから外れたときは、誰であろうとも許しません。そうしておけば、どんなに厳しい叱責でも選手は受け入れてくれますし、納得してくれます。

同じミスでも能力を出し切った上でのミスなら、そこからたくさんの反省が生まれ、学ぶことも多い。だから、私たちコーチは、四つの全力を出せる心になれるようながんばり方をすべきなのです。

ミスをした選手を怒る言葉で迎えたら、それは次のミスを呼びます。現役時代を思い出せばそれが明らかなのですから、違う方法をやりましょうよというのが私の主張です。脅されてエラーをした選手は、つまり能力を全開できなかったということになり、そこから得るものは何もない。

コーチの目的は選手がよくなることです。コーチのがんばりぶりを見せることではありません。だから、せっかくのがんばりが空回りにならないために、がんばりには「よいがんばり方」と「悪いがんばり方」があることを知らねばならないのです。

萎縮は成功意欲の裏返し

前項で、コーチの叱責が作用して選手が萎縮すると全力を出せなくなると述べました。萎縮している選手をポジティブな状態にもっていくのは案外簡単です。萎縮は緊張感からくるわけで、成功意欲の裏返しだからです。

だから、ある意味で、すごくいい状態だともいえます。プロとしての成功意欲があるから責任感をもち、したがって萎縮も起こるのです。だから、私は萎縮している選手に「萎縮するな」とは言わず、むしろ評価します。

萎縮するときの精神的なレベルの高さを認めます。だから、萎縮して起こしたミスは、受け止め方でありがたいミスになります。その萎縮さえ取り除けば成功するからです。

ただ、萎縮したままプレーするよりも、裏返しの成功意欲をもってプレーできるなら、そのほうがいいに決まっています。

だから、萎縮を取り除くためのアプローチはします。要するに、裏と表にあるものをひっくり返せばいいだけのことです。コーチの役割は、そのひっくり返しを手伝うことにあります。それは、選手に問えばいいのです。

2アウト満塁、ここでヒットを打てばチームが勝つという場面を想定してみましょう。全員の気持ちを一身に背負うには、そのための準備が必要です。準備をしておけば萎縮を成功意欲に変えることができます。

「絶好のチャンスだ。やってやろうじゃないか！」となります。

日頃からしっかりとした準備をして、成功意欲を燃え上がらせておけば、実力以上の力を出すことができるのです。一方、準備ができていなければ、急にチームが勝つか負けるかの局面に立たされて、「打てなかったらどうしよう」と萎縮するばかりです。

どちらを取るかといわれたら、選手の選択は明らかです。いつ起こるのかわからない責任感が生じる場面で、その責任感を背負える準備ができているかどうかと問われたら、誰でも準備OKの状態に自分を置こうとするに違いありません。いやでも選手のモチベーションは上がります。

チームにとって大事なことは、失敗する前の状況です。前項で述べたように、全力を出した結果ならば、どんな結果でも受け入れます。

成功意欲がもっとも大切な要素であることが、チームの哲学である、と全員に伝えておくことが大切です。

たとえば、日本シリーズ最終回。一点リード、2アウト二塁三塁という場面を想定してみましょう。サードゴロが飛んできて、ファーストに暴投、サヨナラ負けの可能性もあります。これは最高に緊張する場面です。

そのときに全力を出せるかどうかは、日頃のキャッチボールをどうやっているかに左右されます。

緊張する場面でボールが飛んできたら、落とさないように両手で捕る。しかし、なんでもないキャッチボールだからと片手で捕っていたら、こうした大事な場面で急に両手を出してもうまくは捕れない場合もあります。

簡単に投げて、おしゃべりしながら簡単に捕っている選手と、一球一球を日本シリーズ最後のアウトを取る一球と思って捕っている選手との差は絶対に出ます。繰り返しますが、自分の能力を出し切った試合をするためには、日頃の準備が大事です。

たとえば、試合に臨んだときにもっとも大事なのは一球目。それが成功すると、選手はうまい流れをつくることができます。だから、練習の場合でもこの一球目が重要なのです。一球目から真剣にやることで、試合の一球目を投げる際の準備ができるのです。コーチの側も「大丈夫、勝てるよ」と送り出すことができるでしょう。

さらにいえば、昨夜何時に寝たか、何時間睡眠を取ったか、グラウンドに入る何時間前に起きたか、どんな準備をしてきたかというようなことまでが全力のもとになります。

こうしたもろもろの準備ができていない選手、それが私のいう「全力」の準備ができていない選手です。何かを背負う準備ができている選手は、背負うものが大きければ大きいほど力を発揮します。

それがゲームプレーヤーというものです。

相手に聞く耳ができるまで「待つ」ことの大切さ

私は、「勝っても負けても監督のそばでにこにこして見ているだけのコーチ」と言われることがよくあります。たしかに、監督の傍らで立っている私を見たら、「コーチらしいことを何もしていないコーチ」と思われるかもしれません。

コーチの役割は選手に教え、選手を叱咤激励し、監督の意を受けて走り回るものというイメージには程遠く、ただ立っているだけということもあります。

しかし、選手と真のコミュニケーションをとりたいと思うとき、その「何もしていないかのように見える」時間が非常に大切なものになります。

というのも、あれこれ言いたいことがあったとしても、選手のほうに耳を傾ける準備ができていなければ、選手の心に私の言葉は届かない。まさに「馬の耳に念仏」であって、ありがたいものにはなり得ないからです。

つまり、立っているだけに見えるかもしれませんが、実は私の頭は忙しく働いているのです。相手が耳を傾ける気持ちになれるタイミングを計っています。絶好のタイミングは、選手が自分のしたことを振り返り、迷い、わらにもすがりたい気持ちになったときです。

そういう意味で、選手に聞く耳ができるまで待つこともコーチの大事な仕事です。待っている間、選手がいつ「聞く耳」をもってもいいように、万全の準備をして待っていなければなりません。だから、これは、走り回って怒鳴り散らすことよりもずっと難しく、根気の要る仕事ともいえます。

そして、選手に聞く耳ができたときに一気に伝えるのです。そうすれば、乾いた砂に水がしみこむように、選手はこちらのアドバイスを吸収してくれます。

しかし、待ち続けているコーチは概して評価されることが少ない。外見だけでは何もやっていないように見えますから、仕事をしていないように思われてしまうこともあります。やる気のないコーチに見えるかもしれません。

とくに、二軍監督一年目で三六勝しかできなかったときはつらかった。投書はくる、抗議の電話はかかってくるというありさまでした。だから、今でも、二年目もこれでいくと言った私のやり方を許してくれたトップには感謝しています。

もし、それはダメだ、こうやれと言われたら、今までの成果はなかったに違いない。そのやり方でやってみろと言うトップ、もう一回これでいきましょうと言ってくれたコーチたちがいたおかげです。

野球界だけではなく、コーチングで成果を出せるか出せないかは、トップの理解の仕方でずいぶん違ってくるものです。トップや中間管理職が「そんな生ぬるいことではダメだ」と言ってしまえば、コーチングはうまくいかないのです。

本人の試行錯誤を見守る余裕が大事

戦いの現場で選手がミスしたとき、コーチにできることは励ますことだけです。

そう思っている私は、「次いこうぜ、大丈夫、大丈夫」「お前ならできるよ」「任したぞ」とただひたすら励まし続けます。

そこでも私は初めから注意をしたり技術指導をしたりはしません。技術の未熟な選手ならば、技術の一つひとつを論理的に教える必要はあるでしょう。そういうときは、アメリカで参考になったマニュアルを大いに役立てて、しっかりと教えます。

しかし、技術的な基本を選手がもつようになったとき、今度は余計な指導が邪魔になります。選手が試行錯誤を始める時期だからです。もちろん、こちら側から見ていれば、「ああ、今ああいうことをやろうとしているんだな。だけど、ちょっと方向を間違えているよな」と思うことがあります。

でも、そこでコーチは何も言わないことです。違うよなと思いながら、言いたい気持ちを抑えていると、選手は試行錯誤の結果として修正していくからです。基本的な知識を習得していれば、いい方向に行くから、それを信じて見ていることが大切です。

そのときコーチがすべきことは、「ああ、いいところまでいっているな」とか「あ、ちょっと違うな。今あの選手に声をかけるとしたら、ここだな。この部分だな」などと言うべきことを準備しておきます。

問題点に気づいていても、辛抱強く見ていることが大事。試行錯誤して、そこでつかんだものが選手の技術になります。ところが、たいていのコーチはそこで見ていることができない。教えるのが仕事だと思っているから、それではダメだと言いたがります。

私たちの仕事を評価する人は、ちゃんと教えているかどうかで評価しがちです。だから、コーチは教えていると仕事をしたような錯覚に陥る。

その錯覚の中で何が起こっているか。選手から時間を、試行錯誤をして一生懸命に考える時間を奪ってしまうということが起こっているのです。もし、その指導が正しいものだったとしても、それは選手の技術とはならず、身につかない。

第一、試行錯誤をしている最中の選手に、他人の指導を聞く準備ができているものでしょうか。自分であれこれ考えてやっているときに「そうじゃないよ」と言われたら、そのとたん、選手の思考は停止してしまいます。

あるいは、せっかく考えているときに余計なことを言われたら、さらに混乱するか、反発するかのどちらかです。いずれにしても決していい結果にはなりません。要するに、ティーチングも大事、インストラクションも重要ですが、手を放してやらなければいけないときがあるということです。

コーチの出番は、選手が試行錯誤の結果、答えが出なくて聞いてきたときです。そのとき、「トップの位置がゆるんでいるんだよ。だから、トップだけを意識して、これさえやれば絶対に打てる」などと、これだけやっておけば絶対に打てるということを伝えてやるのです。

もし、試行錯誤をしている最中に、同じアドバイスをしたとしても、その言葉は頭には入っていかない。だから、ぎりぎりまで試行錯誤をして、なんとかつかむかどうかという時点まで見ていることが大事なのです。

欠点を「責める」のではなく、「生かす」アドバイス

亡くなった作家の遠藤周作さんが、あるとき、無口で口下手であることを悩んでいる人に会いました。

そのとき、遠藤さんは、無口の人は大歓迎だと答えたそうです。自分のようなおしゃべりな人間は、話を聞いてくれる人が欲しい、口下手な人はきっと聞き上手に違いないというわけです。

遠藤さんは、相手が欠点だと思っていることが実は長所だと気づかせたのです。言われたほうは、口下手を直す方法を教えてもらいたいと思ったのかもしれない。しかし、それよりもずっと多くの勇気をもらったことでしょう。

野球界にもいろいろな選手がいて、一人ひとり違うから、それぞれ選手としての長所も欠点ももち合わせています。中には、直せといわれても直せないものもあるでしょう。

移籍一年目に好成績を上げた新庄剛志選手もその一人でした。彼がどうしてこんな

に打てたのか。それは、彼がもつ、ある欠点のためだったのです。

彼と食事をしたとき、彼のほうから、「僕は右腕が強すぎて、だからバッティングがダメなんです」と言い出しました。そのとき、私は彼のこの思い込みを否定しました。いつも彼を見ていて、右腕に素晴らしいものがある選手だと思っていたのです。

それを聞いた新庄選手の目がみるみる輝いてきました。こちらから教えることをしなくても、私がずっと彼を見ていたことを知ったからなのか、手に取るように彼の様子が変化したのです。

その日から彼の練習に変化が起きました。天井にボールをぶつけるようなバッティング練習を始めたのです。バッティングコーチが「何やってるんだ」と驚くくらいの極端な変わり様でした。

私が彼にしたアドバイスは、右腕が強すぎるという彼の欠点を生かすことでした。たしかに、右腕が強いと左腕の力とのバランスが崩れてしまいます。しかし、もとから強いものを弱くしろといっても簡単に弱まるものではありません。

だから、私は彼にアッパースイングを勧めました。アッパースイングをすれば、右手でこねることができないから、右手の力が生きてくると考えたわけです。

彼は、「騙されたと思って、キャッチャーフライを打つぐらいのつもりでアッパースイングをしてごらんよ。絶対明日は打てるから」という私の言葉を聞いて、周囲の人間が奇異に感じるくらい徹底した練習をしました。翌日、私の予想は大当たり。彼は見事なヒットを放ちました。

このときにも、私は、前項に述べた「本人の試行錯誤を見守る」ことの大切さを実感したのです。それまでずっと言いたいのを我慢していたら、彼のほうから「メシ食いに行きませんか」と誘ってきた。そして前述のように悩みを打ち明けてくれたのです。

まさに、「聞く耳をもつ準備ができた」瞬間だったわけです。聞く耳をもてたからこそ、徹底したアッパースイングの練習ができた。

もうひとついえば、メジャーで四番を打つような実力者が、自分の悩みを打ち明ける。これはなかなかできることではない。それは彼の優れた能力といえます。

ネガティブな感情や考えは、自分を動かすエネルギー源

私も含めて、人は、プレッシャーとか緊張とかにマイナスイメージをもっています。ポジティブであることがもてはやされ、ポジティブシンキングをするための方法を説く本がベストセラーになります。

もちろん、どちらかといえば、ポジティブシンキングの持ち主のほうが生きやすいとは思います。自分のできない部分に目をやらず、できる部分を数えて、「私はこれだけのことができる」と思いながら暮らすほうが、心身ともに心地よいには違いありません。

悲観的に物事を見る性格のために、損な人生だったと嘆く人も多いことでしょう。私もネガティブな感情や考えが浮かんだときには、それに支配されてはいけないと思って、排除しようと闘っていた時期があります。

しかし、ネガティブな感情や考えというのは厄介なものであって、考えまいとすればするほど、排除しようとすればするほど襲ってきます。しかも不安が不安を呼ん

で、不安材料は増えていく。まるでもぐら叩きのように、叩いても叩いても出てくるのです。

私も、自信をもってやることが必要だということは重々承知している一方で、不安感にさいなまれることはしょっちゅうでした。

しかも、考えまいというほうに思考が働いているだけでは何の解決にもなりません。

そこであるとき考えました。ネガティブな感情や考えを抑えることに使うエネルギーは、ムダなエネルギーだ。そう考えたとき、出てくる不安を全部出してしまったらどうかと思ったのです。

「この思いの原因は何なのだ」「なぜ、こんなネガティブな気持ちになるのだろう」などと並べ立てておいて、「こんなネガティブな気持ちでプレーしていいのか」「このネガティブな気持ちを引きずってやるか、気持ちを切り替えて、自分はできると信じて目の前のことに集中するか」と自問自答してみました。答えは明らかでした。

こうして、抑えられない思いを正直に白日《はくじつ》のもとにさらけ出したとき、次の対策が浮かびました。そのネガティブな感情や考えを、今だけ横に置いておこうと思ったのです。

「今は効果的ではない、ネガティブな感情や考えは、とりあえず心のゴミ箱に捨てておこうよ。あとで考えればいいじゃないか」と、自分に言い聞かせたのです。

出てくるものは仕方がないから出してしまえと開き直ったわけです。「なんだかいやな予感がするな」「ちょっと、チームにいやな雰囲気がただよっているな」「試合の流れが相手にいっているようだ」などをまとめて吐き出してしまえ、と開き直ったわけです。

そして、私は「あ、これ捨てておこう、あれも捨てておこう」と、自分の心のゴミ箱に次々に捨てては、実際に足で踏みつけたのです。ネガティブな感情や考えをスイッチオフにするわけで、これはテクニックのひとつです。実際に踏みつけることで、本当に一時的に捨てることに成功したのです。

だから、私は、選手にネガティブなことを考えるなとは言いません。抑えようとすればするほど出てくることを知ったからです。

隠さず出したあとで、「ネガティブな感情のままでやるか」「できないことは後回しにしてやるか」「今から仕事をする上で大事なことは何なのか」など、優先順位をつけるようアドバイスをします。

そうすれば、「よし、今はこれに集中しよう、それが一番大事なことだ」と思えるようになります。

心のゴミ箱に捨てたネガティブな感情や考えを拾って分析するのは、試合が終わってからです。「なぜ、あんなことを考えてしまったのか」「どうしてあんなにネガティブな考えが浮かんだのか」「どんな場面で出てきたのか」などと考えます。

すると、「次はどうやって対応しようか」「この弱点を克服するためにどのようなトレーニングをやろうか」という考えが浮かんできます。それもトレーニングのひとつであって、だんだんとネガティブな感情や考えと上手に付き合えるようになっていきました。

そして、ネガティブな感情や考えは、第1章の最後の項で述べた「緊張」と同じように、成功したいという前向きな気持ちから生まれているとわかったのです。

心のゴミ箱に捨てていたネガティブな感情や考えは、自分を前に進めるための大切なエネルギー源だったのです。

「よくがんばってるよね」の一言がやる気を引き立たせる

ある教育評論家に言わせると、親が子どもに言ってはならない三大禁句というのがあって、それは「ダメ」「早く」「がんばれ」の三つだそうです。

前出の白石先生は、「がんばれ」という言葉は、明治の富国強兵政策の結果として生まれたとおっしゃっています。頻繁に使われるようになったのは大正時代だといわれますから、比較的新しい言葉といえます。

そして、白石先生は、「がんばる」の語源である「眼張る」「我を張る」の「張る」に、どうしても硬さや緊張が感じられ、「我を張る」の「我」に、欲望の発生とそれが体や心の動きを縛ってしまうような気がすると述べています。

「がんばれ」という言葉を私たちは頻繁に使ってしまいます。しかし、「がんばれ」という言葉は、あなたは「がんばってない」と言っているのに等しいのです。私は「がんばれ」より「よくがんばってるよね」と声がけします。

「よくがんばってるよね」と声をかけられた選手は、コーチが自分をちゃんと見ていてくれていたんだなと実感が湧き、練習にますます集中します。

また、「今日は大事なところで二つもエラーした。みんなにも申し訳ないし、僕自身も悔しい。一時間のノックをお願いします」などと選手が言ってきたときはどのように応えればいいのでしょうか。

そのとき私は「わかった、よし。一緒にがんばろう」と言ってノックに付き合います。

こうしたしっかりとした目的意識をもって始めた練習ならば、選手はとことんがんばれるのです。そして、一時間のノックが終わったとき。「よし、今日はよくがんばったな、明日期待しているよ」という言葉も自然に出てきます。

また「体調を整えることもとても大切だよ」と声をかけます。急に体を酷使すると疲労から故障することにもつながりかねませんので、体のケアも促します。

選手のほうも「わかりました」と明るく返事をして帰っていく。

コーチの仕事は、選手の心を動かすために、頭を働かせることです。選手が目的をもって練習に励み、達成感をもちつつ「やるぞ」「やれるぞ」と思いながら試合に臨めるよう働きかけをすることなのです。

つまり、体を動かすことだけを優先させるのではなく、心や頭を働かせた結果、体を動かしてがんばるというところにもっていくことが大切です。

選手でも部下でも、コーチや上司から見てもらえていると感じることは、承認欲求が満たされて、安心して新しいことにチャレンジする気持ちが育まれます。

そうすれば、選手は勝手にうまくなっていきます。そのためには、選手を常に見て「よくがんばってるよね」と声をかけることが必要なのです。

ムリと思える目標でも頭から否定しない

いわゆる野球少年ならば、一度はプロ野球の選手になりたいと思うこともあるでしょう。しかし、たいていの親は、「そんな夢のようなことを考えてはダメ」「なれるはずがないでしょ」「それよりもちゃんと勉強しなさい」などと言って子どもの夢をつぶそうとしてしまうこともあるかもしれません。

子どもの夢をつぶさずに「なれたらいいね」ぐらいのことを言ってやればいいのに……と私は一生懸命にやっている子どもたちの姿を見るたびに思います。

私は、よく「自分は何もしていないのに選手が勝手にうまくなるのです」という言い方をします。それは、選手に私のもっているものを伝えるという指導の仕方をしていないから言えることです。

コーチングとは、繰り返しますが、すでに相手がもっているものを引き出していくことです。だから、自分がこうやったらうまくいったという体験からの答えを選手に伝え、同じようにやらせようとしてもうまくいくものではありません。

選手は私とは違う人間だから、私が成果を上げたやり方でやって、同じ成果が上がるかといえばそういうわけにはいきません。

私たちにできることは、「自分の場合は」という前置きをつけて話すこと、そして、選手のモチベーションを上げるためのいろいろな手段を考えることです。

そのひとつに、野球少年ではないが、選手たちの夢をむやみにつぶさないことも含まれています。選手たちは、野球でひとかどの人物になりたいと思って入ってきています。

ドラフトで指名された選手は、上位指名だろうが、下位指名だろうが、それなりに自信をもっています。だから、野球をすることでお金も稼ぎたい、有名にもなりたいという目的意識が強烈にあります。とりわけ入ったばかりの若い選手は、ベテランと違って、大きな夢を抱いたり、はるか遠いところ、高いところに目標を置いていま す。

遠くて高い目標だから、それは見えづらい。私は、その叶いそうもないような目標を否定しません。どうなりたいのかと問いかけながら、じっくりと話すことにしています。

目標に向かってどのようにがんばればいいのかわかっていない選手の場合、この話し合いは有効です。話しているうちに次第に目標が見えるところに落ち着いていくからです。ここで、「君だったら、このへんのところだよ」などと言っても、それは選手のやる気をそぐだけで何の役にも立ちません。

もちろん、遠くて、高くて、「それはムリだよ」と言いたくなる場合もあるでしょう。しかし、そんな目標はムリだよと言ったとたん、選手はアウト、その後どう話をもっていっても心を閉ざしてしまいます。

やはり、やりとりをしながら、最終目標ではなく最初に達成すべき目標をどこに置けばいいのかを、選手自身が気づくようにもっていくことが必要です。

手の届く範囲の目標設定をアドバイスする

新聞に一流企業の入社式の風景が掲載されることがあります。それを見ると、私は、この新入社員たちはみんな、学校ではトップクラスにいて、「末は重役か社長か」と大望を抱いているのだろうなと思うことがあります。

しかし、早晩、その自信は不安に変わっていくに違いありません。それぞれ配属された部署には、やり手の社員たちが大勢いるからです。

プロ野球でも同じです。プロ野球に入ってきた選手たちは、いずれもアマチュア時代はトップ選手。周囲からもてはやされ、いやでもスターとしての扱いを受けてきています。

その「お山の大将」的な選手は、入ってきた瞬間、新入社員よろしく不安に駆られることになります。オールスター常連などという選手や、不動のレギュラーといった実力ある選手たちに圧倒されてしまうわけです。

あるいは、プロ野球選手になること、そのことが目標になってしまっている選手もいます。一流大学に合格したとたん勉強しなくなる大学生と同じで、入っただけで目標が達成されてしまうのです。

このように、レベルの違いに圧倒されてモチベーションが下がってしまったり、プロ野球界に入っただけで目標を達成した気分になったりしている選手に、どうアプローチしていけばよいのでしょうか。

一番いいのは、やはり遠い目標は文字通り遠くに置いておき、目の前のことで自分に何ができるのかを考えさせ、気づいてもらうことです。いろいろなレベルの選手がいます。一〇点を満点とすれば、八点の選手も、三点の選手もいる。

彼らに同じ目標をもたせても、それはムリな話です。だから、他人との比較ではなく、昨日の自分と比較して、三点が四点になった、四点が五点になったことを認めてやらなければなりません。

そのためには、第一線にいなければプロではないという意識から、選手たちを解放してやることが必要です。四点までできた選手に、いきなり一〇点を目指せと言うのではなく、「よくやったじゃないか、次は五点を目指そうよ」と言ってやることが大切です。

選手にやる気が起こらないのは、遠すぎてよく見えない目標に向かおうとするからです。あまりにも遠すぎて、どうしたらいいのかがわからない。だからやる気を失うのです。

目標というのは、ちょっとがんばれば届いて、届いたことに喜びを感じられる範囲にとどめておかなければならない。

もちろん、すぐに達成できるような近い目標では、達成感も小さいことは言うまでもないことです。

通常、自己実現のためのコーチングには三つのステップがあります。まずは、差し迫った目先の問題を解消するための第一ステップです。目先に重大な問題があるとすれば、これほど落ち着かないことはない。自己実現などと言っている場合ではない。まずはこの問題を片づけてしまわなければなりません。

それが整理できた時点で、第二ステップでは、自分の人生の使命を理解し、目標を設定することになります。多くの人々は、この第二ステップを踏むことなく人生を歩み続け、やがて終焉を迎えているようにも見受けられます。

つまり、それほどこの第二ステップを踏むことが難しいということでもあります。

しかし、ひとたびこの段階が完了してしまえば、その人は目標に対して大きな意欲と情熱を手に入れることになる。あとはその意欲と情熱に従ってまっしぐらにゴールに向かうだけです。これが第三ステップです。

すべてが人からの指図ではなく、自分の意思によってなされる行動だからこそ、「自分の行きたいゴール」にたどり着けるといえるでしょう。

コーチとは、あくまでもそのための有能なサポーターにすぎません。


白石先生は、適正な目標を小刻みに設定し確実に達成していくことを、「天才は、高みに登る階段を見せない」という言葉を引用して説明しています。スーパースターたちの驚異的な記録の裏には、実は、適切な目標という何十段もの階段が隠されているといいます。

そして、その目標設定が適切かどうかを五項目でチェックします。

次に、その五項目を挙げます。

①具体的な目標か

抽象的な、「もっと強くなりたい」というのでは、漠然としていて何をしたらいいのかがわからない。これでは、シーズンが終わったあと、「自分は強くなったか」と自問自答しても、疑問符が付くだけです。

②計測可能な目標か

達成できたかどうかがわかるためには、計測可能でなければならない。計測できなければ、あとどのくらいやればいいのかもわかりません。

③達成可能な目標か

これは前に述べた通りです。あまりにも難しい目標だと目標そのものがプレッシャーになって、不安や緊張感を生み出してしまいます。

④現実的な目標か

夢を描くことは大事だが、その夢は現実的な目標に細分化しておいたほうがいい。

一歩一歩進む目安になるからです。

⑤期限を区切った目標か

つい先延ばしして、時間だけが過ぎていくということにならないために、期限を設ける必要があります。私は現役時代に、これらのことに気をつけながら、常に目標を確認できるようにするための「自己指示の確認書」というものを白石先生と話し合いながらつくったことがあります。

そのおかげで、前述のように足の骨折や肩の故障で再起不能といわれながら、カムバックでき、前にも挙げたような成績――一九九一年、打率〇・三一一でパ・リーグ三位、出塁率〇・四二六で同一位、得点圏打率〇・三八五で同一位を獲得し、名誉ある「カムバック賞」をもらうことができたのです。

白井一幸が完全復活するための「自己指示の確認書」

▼目標

一九九一年のシーズン終了時に、私は一三〇試合すべてに出場し、一三〇本以上のヒットを打ち、故障から完全に復活して、深い満足感をもってシーズンオフを迎えている。

▼目標達成の価値

シーズン一三〇本以上のヒットを目指すことにより、トータルとしての成果を得ればよいので、一打席一打席に一喜一憂することもなく、一シーズンを安定した心の状態で過ごすことができる。

▼目標達成の方法

そのためにはストレス・リカバリーチェック表とトレーニング管理表で、心身の調子を完全にチェックする。

次にバッティングに関しては、バットスイングの軌道をもう少しダウン気味に直す必要がある。これを修正することにより、肩の開き、軸足側のカベ、体重移動のすべてが修正できる。このポイント修正には、毎日の練習と並行してイメージを強くすることが大切である。

守備に関しては、ゴムチューブを使った肩の強化に重点を置いてトレーニングしていく。とくにここ二〜三年は肩をかばうあまり、守り全体のリズムを崩していたので、トレーニングによってこの不安をなくせば、問題は解消される。

最後にメンタル面では、自信に満ちあふれてプレーすることがもっとも必要である。そのためには今まで同様に、心のトレーニングを続けるとともに、終始チャレンジ精神あふれる選手を演じることと、実行目標を絶えず言葉にし、それに完全に集中しきることを徹底して実行していくことにより、自信に満ちあふれた態度をもち続けてプレーすることができる。

以上のことを達成するために、毎日の目標を朝のイメージ・トレーニングの中で設定し、必ずノートにそれを書き記す。また、この自己指示の確認書は、必ず次のようなときに声に出して読み、目標が達成されている姿を絶えずイメージする。

①朝、目を覚ましたら、起き上がる前に一度読み、さらにその日の自分の目標や行動を頭の中でリハーサルする。

②練習に出かける前に、もう一度読み、その日の課題とそれが達成されているイメージを描く。

③夜、寝る前に再々度、自己指示の確認書を読み、その日の目標や予定がうまく達成されたかどうかを反省し、ストレス・リカバリーチェック表とトレーニング管理表に記入して、翌日の目標を確認してから眠りにつく。

▼もう一度、目標

一九九一年のシーズン終了時に、私は一三〇試合すべてに出場し、一三〇本以上のヒットを打ち、故障から完全に復活して、深い満足感をもってシーズンオフを迎えている。

目的意識がない練習はやってもムダ

たとえファームの試合でも、大事なことは「絶対に勝つぞ」という強い意識と、それと同時に、選手が伸び伸びとプレーできる環境をつくることです。そのためには、結果を責めるのではなく、何をやろうとするかの意欲を評価することが大切です。

こうした試みに反する指導者が一人でも交じると、「そんなに甘いものではない」などと言い出して現場は混乱してしまいます。

また、古参の選手はミスをすると怒られることに慣れていて、怒られないと放っておかれているような気持ちになる選手もいたようでした。

そうした混乱を回避し、まず指導者側の意識を徹底させるために、私は毎日ミーティングをしました。基本的な命題を与えて、選手にも毎日レポートを提出してもらいました。

それは「練習の目的は何だろう」「ウォーミングアップとは何なのか」というような、これまで議論の対象にならなかったようなことから始めたのです。

その結果、コーチも選手もしっかりとした目的意識をもつようになりました。「ウォーミングアップとは、ここからあそこまで走ることを言うのではない。走りながら、自分の筋肉と相談して、状態を整えていくことが目的なのだ」ということを全員が了解し、その上でのウォーミングアップを開始したのです。

こうした目的意識がないランニングならば、何本走ってもムダであって、そこに意識を通わせてこそ練習になります。

私が二軍監督時代からパソコンを駆使してつくったこれらのレポートは、チームの方針としてファイルにして残してあります。

前述しましたが、当時、毎月一回、選手一人ひとりに「よくがんばった」とか「いい成績が出てきたな」などと励まし、それと同時に、「今月はどうだった？　もうちょっとこうしたほうがいいんじゃないか」などと目的意識を鼓舞《こぶ》するような文章を書いて渡していました。

そして、各コーチと選手との交換日記のようなものを書くことも提唱しました。そこでは、今日の練習、その目的、達成度、なぜ達成できたか、なぜできなかったかなどを選手が書き、コーチがそれに対してコメントするというレポートが毎日やりとりされました。

書くことで目的意識がはっきりする

「がんばりたい」とか「一生懸命にやる」などというあいまいな書き方は即座に却下し、書き直しを命じました。

合格するのは、たとえば「体重移動に対して」とか「ゴロを捕るときには」と具体的で、「そこを意識して一日やってみる」「今日、グラウンドで守備のミスを一球もしない」などと書いてあるものです。そうすれば、「一球もミスしないと書いたけど、〇〇のような状況でミスしてしまった」と報告も具体的になります。明日の目標も意識できます。

選手は書くことで整理します。書くことで文章もうまくなり、よりはっきりとした目的意識をもてるようになるのです。

そうすれば、コーチのほうも、「意識が伝わってきた。この繰り返しをすれば必ずうまくなる。がんばろう」と励ましの言葉を書けるでしょう。コーチの文章訓練になったことも事実だし、選手をよく見るということにもつながったと思います。

たしかに、この作業は大変です。しかし、グラウンドで全員に目的を聞くのは不可能です。大変なようでも、目的意識をもった練習をするためには有効だったのです。

こうしてつくった分厚い記録を大事にしている選手も多い。

そして、これらの作業は、チームの方針が一致するという大きな成果をもたらしました。これから、新しい教育を受けた選手たちが主力になっていくに従って、チームの結束はさらに強まるに違いありません。

日常の全力が、瞬時の判断を可能にする

そもそも私がメンタル・トレーニングを始めた理由は、緊張することがいやだったからです。それを克服しようとして始めたメンタル・トレーニングのはずが、次第に緊張感の隠された一面とその効用に気づかされることになり、緊張感への恐れを克服できたのです。

そこからさらに緊張感を深く追求してみてわかったことは、「ワクワク」する気持

ちがとても大切だということです。

緊張感を恐れとしてではなく、もてる能力を最大限に引き出すパワーとして用いるために大切なことは、子どもの頃、野球の試合前夜に抱いたような、あのワクワク感を呼びおこすことだったのです。

「おい、明日は絶対勝つぞ！」――仲間たちとそう誓いあって臨んだ試合は、勝つと本当にうれしかったし、負けると無茶苦茶悔しい思いをしました。勝っても負けても懸命に練習し、そしてその判定を待つ試合前夜はドキドキして眠れませんでした。

仲間たちといつも一緒になり、一途に白球を追いかけていた野球少年だった頃の自分の中に、成功への道標を見出す大切な答えがあったのです。


今では、選手自身がイメージトレーニングを行うことは、どのスポーツの世界においても一般的なものとなっています。

もしそのときに伸び悩んでいるのであれば、抱えている問題についてどのようなアプローチでいけばいいのか、問題はどこにあるのか、他に何かいい方法はないのかなどといったことを、選手は絶えずシミュレーションし考え続けています。

また、選手のみならず、コーチや監督といった指導者側でも、あらゆる事態が想定されていなければ選手とともに戦っていくことは困難でしょう。

たとえば私の場合なら、まずはやはり一日のリハーサルということになります。

朝起きて一時間ランニングをする。食事はどういったものを摂るか、練習が始まったらどこをどう指導していくかなど、詳細に一日のスケジュールをすべて想定し、イメージの中でリハーサルを行います。

その場面場面での、自分のメンタルな部分や集中度などといったところまでを、ずっとたどってみるのです。

私は試合時、サードベースコーチャーをやっています。同じコーチという立場であっても、サードベースコーチャーとなれば内容も変わります。

自分のストップかゴーの判断が正しいかどうかで、直接勝敗が決まってしまうことにもなるため、失敗は許されない。そういう立場にいると選手同様に、一度の失敗がどうしても尾を引いてしまうことにもなります。

きわどい判断でホームを突かしてアウトになった場合など、次はどうしても慎重になってしまいます。

しかし、ここで臆病風に吹かれていては話にならない。恐れる気持ちをキッパリと断ち切り、まったく新たな気持ちに立ち返って、自信をもって次の判断に臨まなければなりません。

一瞬一瞬を素早く想定し、確実な判断を下さなければならない使命を背負うようになった今、選手時代と同じような、実践的なメンタル・トレーニングを行ってもいます。

一瞬を的確に捉えて判断するには、その場しのぎ的な判断ではなく、すでにあらゆる状況を想定した上で、その中から判断していかなければなりません。

試合のときに全力を出し尽くして戦おうとしても、それ以前にあらゆる場面が想定されていなければ、あてずっぽうに判断をその場その場で下しているだけの、バクチとなんら変わりのないものになってしまいます。

つまり、普段の練習からすでに、そうしたいろいろな場面が想定されているのです。

だから、練習でも「負けてもいいから思いきりやってみる」という発想ではなく、常に勝つことを意識して、万全の態勢で球場に入り（準備の全力）、全力で考え（頭の全力)、全力でメンタルを整え(心の全力)、全力でプレーしなければならない(体の全力)のです。

こうして、普段、全力で行った状況判断の積み重ねの中から、最終的な判断が瞬時にして下されていくのです。もちろん、最後の判断も全力で出されなければならない。

常に、何に対しても全力で向かい合っていればこそ、一瞬の判断も、ゆるぎのない自信で裏打ちされ、功を奏していくことになります。そして、それが結果として大きな実績にもつながっていくのです。

WBC優勝の
未来にあるもの

What comes after winning the WBC championship

EPILOGUE

ただ、「信じる」だけでなく「信じ続ける」

二〇二三年六月二日、五月末に契約期間満了で退任を迎えた栗山監督の記者会見が東京都内で開かれていました。監督は会見の中で、「結果的に勝ち切ることができて、先輩方がつくってくださった日本野球の素晴らしさを少しだけ伝えることができたかなと。ただただいい環境と、応援してもらって僕も思い切りやることができたので、みなさんに本当にお礼を言いたいと思います。ありがとうございました」と感謝の言葉を口にしていました。

また、ともに戦った選手たちには「本当に選手たちがいろいろな事情がありながらも、個人的な理由を差し置いて『(そんなこと）関係ないんだ』と、日本野球のためにすべてを尽くしてくれた。これから彼らに何度会っても『ありがとな』って言い続けるんだろうなって思います」と改めて感謝の言葉を述べています。

私はその様子をテレビで見ていて、「監督らしいなあ」と思いながらも、ＷＢＣ開催期間中の出来事に思いを馳せていました。

ＷＢＣの期間中、栗山監督のそばにいて、間近でその様子をずっと見ていました。確かにチームの雰囲気は明るく楽しいものでしたが、監督本人は、重圧、責任感、国民の期待を一身に背負って、計り知れない重圧がのしかかっているのだろうなと感じていました。

ある日の食事中に監督が独り言を発するように言ったのです。

「一〇億円もらっても、これはできない仕事かもしれないな」と。

それくらい大変なことだったと思うので、やはり終わったときは、ここで一段落という気持ちだったのかもしれません。

ＷＢＣが終わって帰国すると、今回の侍ジャパンには、すごく感動させられたし、見ていて気持ちのいいチームだった、というような話が耳に入ってきました。

それはやはり、栗山監督の人柄がチームにいい影響を与えていたからです。私が栗山監督と苦楽を共にしてきて思うのは、人の悪口や批判は絶対に言わない人です。表でいいことを言いつつも、裏では非難めいたことを言う人はいます。しかし、栗山監督はどんなときでも変わらない。

栗山監督は選手たちとの距離感を縮めるために、ファーストネームやニックネームで呼ぶことで、フラットな立場に立つことを意識していました。それが「何を言っても大丈夫なんだ」という心理的安全性を担保したため、安心・安全な空間がチームの中に広がっていって、あのような明るい雰囲気ができあがったのだと思います。

それから、やはり信じる力がすごい。多くの人は「他人から信頼されたい」と思っています。一方で「自分から信じる」ことにはエネルギーを注いでいません。

自分が相手から信頼されるかどうかは、相手が決めることです。自分ではどうすることもできません。自分にできることは、まずこちらから相手を信じることです。

そして、ある瞬間を切り取って信じることはできるかもしれませんが、信じ続けることは難しい。栗山監督は、自分の信じた選手の結果が、よい結果でなくても「最後まで全力を尽くしてくれてありがとう」と感謝を忘れない人です。WBCを通じて、改めて栗山監督は「信じて、任せて、感謝する」のサイクルから一歩もブレない人だと強く感じました。

目先の勝利よりも未来を見据えたメキシコ戦

栗山監督の信じる力が如実に表れていたのが、WBCの準決勝のメキシコ戦での村上宗隆選手の起用ではないでしょうか。

村上選手は昨季五六本塁打を打って、アジア人左打者としてシーズン最多本塁打記録を更新し、史上最年少の三冠王を獲得しています。今回のWBCでも活躍が大いに期待された選手でしたが、一次ラウンドの四試合では一四打数二安打で、打率は一割四分三厘と極度の不振に陥っていました。他の侍ジャパンの主力打者は伸び伸びとプレーする中で村上選手は唯一、迷いを感じるプレーを続けていたように思います。

その村上選手を監督は準々決勝以降も使い続けました。大会期間中、村上選手ではなく別の選手の起用を監督に進言するコーチもいました。そのときに監督は「勇気をもって、正直な気持ちを伝えてくれてありがとう。本当に感謝する」と伝えた上でこう語りかけました。「村上選手は将来、日本の球界を背負って立つ男。この期間中にどこかで大仕事をするのが村上選手。だから、使わせてほしい」と。それ以降、村上選手の起用に関する話題は一切出ませんでした。

メキシコとの準決勝戦。九回裏、四対五とリードされ一点を追う日本が、無死一、二塁のチャンスを迎えます。

実はその前に、ベンチでは代打のバント要員として牧原大成選手をスタンバイさせていましたが、最終的には村上選手を左打席へ送り出しました。そのとき三塁コーチャーを務めていた私には、ベンチの判断の詳細はわかりませんが、代打でバントにいくかどうかは当然、準備させていたと思います。でも、監督には感じるものがあって、やはり村上選手でいこう、という決断になったのではないでしょうか。

不振の村上選手自身も、代打のことが頭にちらついたと試合後の記者会見で語っていましたが、城石憲之《のりゆき》コーチが村上選手に伝えた監督からの伝言は「思い切っていけ」だったそうです。

打席に入った村上選手は、相手ピッチャーの速球を完璧に捉えると、打球は左中間を破り、劇的な逆転サヨナラ二塁打となりました。その後、村上選手は決勝のアメリカ戦でも、貴重なソロホームランを放ちます。

われわれは勝ったからみなさんから称賛されますが、もしあそこで村上選手が凡打して負けていたら、「お前たちはなんであんな調子の悪い選手を使ったんだ」と言われたでしょう。「勝てば官軍負ければ賊軍」という言葉があるように、結果がすべての世界です。だけど、その結果を出すために監督が選手を信じたことのほうが大事だと思います。

推測ですが、同じような場面が巡ってきたら、監督は次も同じように村上選手を使い続けていたでしょう。監督は、目先の勝利だけがあればそれでいい、という人ではありません。勝つことも大事ですが、それとともに選手の成長も大切だと考える人です。

村上選手にとっては、あの場面で外されることがある意味一番楽だったのかもしれません。でも起用され続けることで、村上選手がその試練を乗り越え、その先に彼の成長があり、長い目で見ると、それがプロ野球界のためになる。そこまで考えての監督の判断だったと思います。

まるで映画のワンシーンのような大谷投手とトラウト選手の盟友対決

二〇〇九年の第二回大会以来となる通算三度目の優勝を目指す侍ジャパンと、大会二連覇を狙うアメリカとの決勝戦が、二〇二三年三月二十一日にアメリカのローンデポ・パークで始まりました。

試合が動いたのは、二回表。先発の今永昇太投手からアメリカのターナー選手が三試合連続となるホームランを放ち、日本は先制されます。しかしその裏、一点を先制された日本は今大会初となる村上選手のホームランで同点に追いつきました。さらにその後、満塁としたあと、ヌートバー選手の一塁への内野ゴロの間に一点追加し、逆転に成功します。

四回裏に岡本和真選手のソロホームランで一点追加し、日本は三対一とリードを広げます。日本は三回から登板した戸郷翔征《しょうせい》投手から高橋宏斗《ひろと》投手、伊藤大海《ひろみ》投手、大勢投手と七回までつないで無失点に抑えます。

八回表からは、六人目の投手としてダルビッシュ投手が投入されました。すると、ダルビッシュ投手はシュワーバー選手にライトスタンドへのソロホームランを打たれてしまいます。そして一点リードで迎えた九回表。七人目の投手として、大谷翔平投手がマウンドに上がりました。

実は、大谷投手が最後にクローザーとして投げることはわれわれコーチ陣はまったく知りませんでした。アメリカとの決勝戦当日の朝に、ダルビッシュ投手が球団から許可をもらって、前日には大谷投手が「行ける」という話をした中で、試合前に監督が決めたのだと思います。

もちろん、ピッチングコーチは知っていたと思いますが、われわれ野手コーチ陣はそれに関しては誰も監督に尋ねませんでした。というのも、監督が考えた最善の方法でストーリーを描いてくれるだろうと信頼していたからです。

私がダルビッシュ投手から大谷投手へのリレーで締めるという栗山監督のストーリーに気がついたのは、それまでクローザーを務めていた大勢投手が七回にマウンドに上がったときでした。何となくイメージしてはいましたが、大勢投手が登板したとき「やはりそうなんだ」と思いました。

栗山監督はストーリーが大事だといつも言っていましたから、八回、九回はあの二人に託すというストーリーは監督の中ではもうずいぶん前からあったのでしょう。今回の侍ジャパンはピッチャー陣が強力だということは、選手選考の時点からコンセプトとしてずっと据えてきたことなので、最後はそれを前面に出した形なのだと思います。

さて、マウンドに上がった大谷投手は、マクニール選手に対してフルカウントからフォアボールで出塁を許してしまいます。続くベッツ選手をセカンドゴロでダブルプレーに打ち取り、ツーアウトとしました。

そしていよいよ、大谷投手とはエンゼルスのチームメイトで盟友であるトラウト選手がバッターボックスに登場しました。

この二人の対決は、まるで映画のワンシーンのようでした。だとしたら、大谷投手は映画のヒーローです。ヒーローは、ここ一番で負けるわけがない。監督が描いているストーリーだからうまくいくに違いない。「大谷投手は絶対に抑えるだろう。そして勝って物語は完結する」――そう信じて、二人の対決を固唾《かたず》を呑んで見守っていました。

一球目はスウィーパーでボール。二球目はストレートで空振り、三球目はボール。四球目はまたしてもストレートで空振り。五球目はストレートが外れてボール。そして六球目の最後は、スウィーパーで空振り三振を奪い試合終了。大谷投手は雄叫びを上げ、帽子とグローブを投げ捨て、喜びを全身で表現していました。

このトラウト選手との対決シーンは、WBC史上に残る名場面として、見た人たちの記憶に残り続けることでしょう。

なるべくしてなった世界一

私は、この侍ジャパンの優勝は、なるべくしてなったのではないかと思っています。偶然、世界一になったのではない。チャンピオンは戦う前からチャンピオンなのです。チャンピオンになってから、チャンピオンらしくなるわけではないのです。侍ジャパンは、戦う前からチャンピオンらしい振る舞いや考え方、戦い方をしてきているから、世界一になった。なるべくしてなった——そう思うのです。

チャンピオンらしい振る舞い、考え方、戦い方は、世界一というものに向かって侍ジャパンのメンバー全員が強い思いを抱き、同じ方向に向かっていたことにすべて表れていると思います。目指すゴールを全員で共有できたからこそ、そこに向かって安心・安全な空間がつくられ、信頼関係も生まれ、ゴールに向かって全員が行動できたのです。

そこで私が改めて気づかされたのは、自分たちがこれまでやってきたメンタル・コーチングの考えを元にしたチームビルディングやコミュニケーションという方法が間違っていなかったのだということを再確認できたことでした。

最後になりますが、私にメンタル・トレーニングの重要性を教えてくださった福島大学の白石豊先生、そして駒澤大学時代に厳しくも心に響く指導をしていただいた太田誠監督。二人の恩師から受けた影響は極めて大きいものです。この場をかりてあらためて御礼申し上げます。

また、「メンタル・コーチング」という考え方が、読者の方々にとって、ほんの少しでも参考になれば、これ以上の幸せはありません。

二〇二三年七月

白井一幸

本書は二〇〇七年四月にＰＨＰ研究所より発売された『メンタル・コーチング』を改題し、大幅な加筆・修正を施し、再編集したものです。

〈著者略歴〉

白井一幸（しらい・かずゆき）

プロ野球界初の企業研修講師
プロ野球解説者（元WBC侍ジャパンのヘッドコーチ、元北海道日本ハムファイターズ１軍内野守備走塁コーチ兼作戦担当）

1961年、香川県生まれ。香川県立志度商業高等学校（現志度高校）、駒澤大学を卒業。
1983年、ドラフト１位で日本ハムファイターズ入団。1991年、自身最高の打率0.311でリーグ３位、最高出塁率とカムバック賞を受賞。1997年、日本ハムファイターズの球団職員となり、ニューヨーク・ヤンキースへコーチ留学。2000年、二軍総合コーチ、2001年二軍監督を経て、ヘッドコーチ就任。2006年、リーグ優勝、44年ぶりの日本一達成。2007年、リーグ優勝連覇、シーズン終了とともに退団。2008年、カンザスシティ・ロイヤルズの特別コーチ兼スカウトアドバイザー。2009年、野球解説、コーチングをテーマにした講演・セミナーで活動を始める。2014年、古巣日本ハムファイターズで内野守備走塁コーチ兼作戦担当として現場復帰。2016年リーグ優勝、10年ぶりに日本一達成。在任中、リーグ優勝３回、日本一２回。2018年、アマチュア資格を取り、アマチュア野球の指導も活動開始。2019年、「プロ野球界初の企業研修講師」として各企業との提携をはじめ、商工会議所、大学、スポーツ界などへ人材育成、チームビルディングをテーマに研修を開始。2020年、前年の活動に加え、北海道銀行女子カーリングチーム「フォルティウス」メンタルコーチに就任。2021年、北海道バスケットチーム「レバンガ」のメンタルコーチに就任。講演1000回、企業研修も年間200回を超え、企業顧問契約を締結する等、経営者向けのコーチングも開始。
2023年、WBC侍ジャパンのヘッドコーチに就任し、世界一を達成する。

編集協力：石井綾子
装丁：一瀬錠二（Art of NOISE）
カバー写真：米山均
帯写真：USA TODAY Sports/ロイター/アフロ
編集：木南勇二（PHP研究所）

2023WBC侍ジャパンヘッドコーチが伝える
「心」の動かし方

2023年8月10日　第1版第1刷発行

著　　者　白　井　一　幸
発 行 者　永　田　貴　之
発 行 所　株式会社ＰＨＰ研究所
東京本部　〒135-8137　江東区豊洲5-6-52
ビジネス・教養出版部　☎03-3520-9615(編集)
普及部　☎03-3520-9630(販売)
京都本部　〒601-8411　京都市南区西九条北ノ内町11
PHP INTERFACE　https://www.php.co.jp/
組　　版　株式会社PHPエディターズ・グループ
印 刷 所　株　式　会　社　光　邦
製 本 所　株　式　会　社　大　進　堂

ISBN978-4-569-85524-0

PHPの本

疲れない体と不屈のメンタル

鳥谷 敬 著

細マッチョになれる、疲れない体になる、結果を出すメンタルが身に付く…鉄人鳥谷が体の使い方を変えて、何歳になっても動けるコツを伝授。

定価 本体一、五〇〇円(税別)

PHPの本

弟子・藤井聡太の学び方

杉本昌隆 著

稀代の中学生棋士はいかにして集中力、決断力を養ったのか。新聞、読書、詰将棋、勝負へのこだわりなど、その思考法に師匠が迫る。

定価 本体一、四〇〇円（税別）